大是文化

財富自由
的階梯

5年賺到400萬，
10年累積1,000萬。
我這樣精選ETF，年賺20%。

PG財經筆記
蔡至誠——著

部落格總流量超過100萬次、
用兩檔 ETF 就年賺20%

CONTENTS

推薦序一
一位理財實踐者的投資思維　劉炳麟　007

推薦序二
財富自由，從踏穩第一階開始
「財金博士生的雜記 Yi-Ju Chien」粉專版主　009

推薦序三
從警界到金融業，PG 的理財新篇章
陳志彥、楊琇惠　013

各界推薦
金融專家盛讚強推　015

前言
改變思維，
才能走上財富自由的正確階梯　017

第一章　如果可以，我會更快開始學理財　023

01 財富，是認知的變現　024
02 從你領到第一筆薪水就該開始　029

03 畢業後的前 10 年是關鍵　034

第二章　重新審視你的消費　039

01 東西會越來越貴且持續下去　040

02 你是真需要或是好想要？　042

03 儲蓄率跟投資報酬率，哪個重要？　045

第三章　我如何賺到第一個 1,000 萬元　047

01 我在 32 歲時達到目標　048

02 複利、長尾、自動化　053

03 複利，讓錢自己流進來　056

04 長尾驅動一切　060

05 理財自動化，花錢無負擔　065

第四章　90% 的績效差異，是配置　069

01 先評估自身的風險承受能力　070

02 為什麼分散投資能降低風險？　076

03 以長護短的核心與衛星策略　084

04 再平衡，讓你的投資維持在正軌上　086

第五章 狡兔有三窟,避免單壓 All in　089

01 本國市場不該是你的唯一選擇　090

02 為什麼你該投資所有產業與國家?　092

03 收益來源也要斜槓　097

04 用 ETF 建立屬於你的全球資產配置　101

第六章 通膨時,投資什麼最保值?ETF　107

01 第一次領薪水就該投資的 ETF　108

02 股票型 ETF:台股、全球股、美股與其他　114

03 債券 ETF:短、中、長期各取所需　136

04 房地產 ETF:成為全世界的包租公/婆　166

05 除了投資 ETF,或許你該考慮 ETF 連結基金　174

第七章 選標的不用燒腦,教你如何選 ETF　177

01 你一定要認識的 4 家發行公司　178

02 PG 給 ETF 新手的 6 個叮嚀　186

03 破解 ETF 命名邏輯,不踩雷　191

04 圖解 ETF 篩選器　196

第八章 從開戶到下單，各種流程全圖解！ 203

01 手把手教你，線上開立台股證券戶 204

02 不出國也能投資海外：
複委託，怎麼開戶、下單？ 211

第九章 買股票好還是買 ETF 好？ 221

01 99％ 當沖都賠錢 222

02 盯盤盯越緊，賠錢賠越多？ 226

03 股市大跌不跑就等死？ 233

04 買股票比較賺？為何長期投資會賺錢？ 236

05 股息越多越好？ 240

06 新興的主動型 ETF 是什麼？ 244

第十章 AI 時代，用機器人幫你理財 253

01 機器人理財將成為你的金錢管家 254

02 10 年後累積千萬資產的方法 265

03 漲跌順序決定你的最終回報 272

04 無限期的被動收入 280

第十一章 未來，投資組合可以更加個人化 283

01 未來基金發展趨勢——主動與被動相結合 284
02 新的指數投資分類框架 287
03 真實案例分析 290

結語
你的財富自由，由你定義 299

推薦序一
一位理財實踐者的投資思維

逢甲大學福儲信託基金召集人／劉炳麟

我認為好的投資策略，就是讓大家可以專注於本業，不會因投資而影響工作，同時還能進一步藉此去做自己喜歡的事！《財富自由的階梯》所提到的觀念和策略，是作者 PG 在投資理財的實踐方法，憑藉其獨到解讀和深刻洞察，構築了一套通往財富自由的堅實階梯。

我與 PG 的緣分，始於 2019 年在逢甲大學開設的「機器人理財」課程，我曾多次邀請 PG 前來演講，請他分享投資組合與財務規畫的實務經驗。儘管 PG 並非傳統財務科班出身，但這也賦予他解讀投資議題的獨特視角，少了學院派的框架束縛，他的分析更貼近實務，更聚焦於如何運用科技工具與新興思維，有效管理個人財富。這種非典型的背景，反而成為他最大的優勢，使他的分享既實用又充滿創新啟發。

PG 對於機器人理財實務的深度了解，更是推動我們後續合作的契機。2024 年我們共同在韓國科技部期刊《Asian Research Policy》發表了一篇文章：〈*The Development of Taiwan Robo-Advisors and their Applications in Artificial Intelligence*〉，這篇文章

財富自由的階梯

探討臺灣機器人理財的發展現況，及其在人工智慧領域的應用。而其中關於臺灣機器人理財的現況說明，正是來自於他對這個領域的精準掌握，與實務操作的深刻理解。

除了學術合作外，近期由逢甲大學福儲信託基金與阿爾發機器人理財公司，合作推動的「顧問式福儲信託」專案中，PG 也是專案的主要負責人。這項合作不僅是學術理論的驗證，更是將前瞻性理財服務導入員工福儲基金，讓教職員工可以更有效掌握個人退休金狀態。這個機制曾在 2025 年全國大學校長會議中分享，也深獲與會者的肯定。

本書的核心價值在於對「理財即理生活」的深刻闡釋，並**將財富自由的追求，提升到個人生活選擇權的層次**，跳脫了單純追求數字增長的傳統思維，《財富自由的階梯》不僅是引導讀者進行投資實踐的工具書，更是一本深刻啟迪財富思維的指南。對於渴望在智能理財時代掌握先機、實現財務目標的讀者而言，本書無疑是一盞明燈，指引我們如何透過正確的觀念與行動，一步步邁向真正的財富自由。

推薦序二
財富自由，從踏穩第一階開始

「財金博士生的雜記 Yi-Ju Chien」粉專版主

在現今這個資源和時間都匱乏的年代，我們每個人都想要財富自由，但真正會開始行動的，往往是那些在某一刻「意識到不能再浪費時間」的人。

我還記得自己大學剛畢業出社會工作時，曾經想：「到底要存到什麼時候，才叫做有錢？才稱得上財務自由？」直到我真正理解資產配置（Asset Allocation）與投資的本質，發現那才是我走上階梯的起點。這也是我會推薦《財富自由的階梯》的原因。

這本書並不是作者的炫富旅程，而**是一本一步一階往上走，用真實經驗與數據堆砌出來的理財實戰書**。它沒有讓人焦慮的成功學，只有讓我們靜下心，來思考人生財富自由的誠摯邀約。裡面講到的觀念，很多我也在個人粉專文章寫過，但書中的系統性整理與邏輯推演，更能幫你「連起來思考」。

像是指數股票型基金（Exchange Traded Fund，簡稱 ETF）與資產配置這兩大塊，書裡講得清楚、也寫得真誠。你可能聽過很多人說：「ETF 很棒，可以被動投資、穩定成長。」但真相是，如果你沒搞懂自己的風險承受度、不了解標的背後代表什麼，很可能在

財富自由的階梯

股價一跌就砍在最低點。

這跟我經營粉專時，最常強調的核心一樣：你不是在買 ETF，而是在打造自己的財務人生架構。此外，書裡也花了不少篇幅講資產配置這個概念。對很多剛入門的新手來說，「配置」聽起來好像是有錢人的事，但事實上，**資產配置才是窮人翻身的起點，因為它教會你「如何用有限資源，創造穩定輸出的機制」。**

從股債比、不同風險屬性的配置模型，到再平衡機制、長期持有策略，這本書都整理得具體實用。如果你也常常在粉專看到我寫 Vanguard 全世界股票 ETF（VT）、Vanguard 標普 500 指數 ETF（VOO）、Invesco 那斯達克 100 指數 ETF（QQQ）、SPDR 標普 500 指數 ETF（SPY）的比較，也許你會發現，《財富自由的階梯》其實就在幫你把這些碎片知識，變成一套真正屬於你的計畫。書中有一段內容我特別有感：

「光是死存錢是不夠的，定存的利息不到 1％，太慢，永遠不可能翻身。也因此，我積極學習投資理財，但也不能過度投機，平均而言，我每年的目標報酬率是至少 5％。」

這句話講出所有穩健投資者的心聲。我們不是不想快，而是知道慢慢來比較快。因為你開始走在對的方向上時，就算速度慢，也終將到達。因此，我推薦這本書給以下幾種人：

- 剛進入職場，想要理財卻不知道從哪開始的人。

推薦序二　財富自由，從踏穩第一階開始

- 已經投資一陣子，但總覺得心慌、想要一套邏輯幫自己定錨的人。
- 想靠 ETF 與資產配置達到財務自由，但還沒成功的人。

不管你是哪一種，這本書都能讓你在嘈雜的財經資訊或雜訊中，找到屬於自己的聲音。如果你曾因為一個錯誤的選擇讓帳戶瞬間歸零、也曾為了複利的力量而熬過市場的波動，我相信你會懂得這本書想傳達的──財務自由，不只是錢變多而已，更是你「不再被錢追著跑」的狀態。

《財富自由的階梯》值得慢慢讀，然後，一步一步踏上去。

推薦序三
從警界到金融業，
PG 的理財新篇章

阿爾發證券投資顧問董事長／陳志彥、
阿爾發金融科技董事長／楊琇惠

本書作者 PG，從警界派出所所長到金融科技業的領軍人物，他的轉型之路充滿挑戰與啟發。他曾經每天處理的是社區糾紛與治安維護，卻憑著對金融學習的執著與對未來的敏銳洞察，毅然決然踏入金融領域。

即使他的第一本書《我畢業五年，用 ETF 賺到 400 萬》（大是文化出版），創下暢銷近 10 萬本的紀錄，他也從未停下腳步，反而以更堅定的步伐追求專業成長，努力考取國際特許金融分析師（CFA）等專業證照，展現出努力不懈的精神。他的故事告訴我們，成功並非一蹴可幾，而是源於持續精進與對目標的堅持。

幾年前，一位 45 歲的 A 小姐成為我們的會員。PG 當時已是阿爾發機器人理財的投資顧問，親自為她提供服務。他沒有急於推銷產品，而是耐心傾聽、分析財務狀況，並運用機器人理財為她量身打造多元化的 ETF 投資組合。半年後，A 小姐的投資報酬穩定成長，也逐步實現她的財務目標（詳見第 11 章第 3 節：真實案

例分析)。這不僅是個溫暖的客戶故事，更是 PG 將專業與熱忱結合，改變無數人財務人生的縮影。

PG 的專業眼光與領導力熠熠生輝，他在阿爾發參與多項關鍵專案，特別是在「臺灣金融監理沙盒」的成功落地中扮演要角。監理沙盒作為金融創新的試驗場，門檻高、挑戰多，但在 PG 的積極參與下，成功將阿爾發機器人理財服務推向新高度。他與公司重要合作夥伴如 Yahoo!、基富通的合作專案同樣令人矚目，這些合作不僅提升了嵌入式金融的新里程碑，更讓普惠金融的理念深入人心。

尤其令人讚嘆的是，由他主導全臺獨創的機構法人顧問式服務，能結合 AI 驅動機器人理財技術，為企業與機構提供客製化的財富管理解決方案。這不僅展現金融創新，更彰顯了他對客戶需求的深刻理解。

PG 的成就，來自他對金融市場的獨到洞察與對客戶的真誠關懷。他從不滿足於現狀，總在尋求突破，無論是將複雜的投資理論轉化為簡單易懂的理財建議，還是將科技融入金融服務，他總能找到平衡創新與穩健的完美路徑。

本書不僅是 PG 的實踐之作，也**是每位追求財務自由與人生突破者的必備知識**。無論起點如何，只要保持學習、勇於轉型，就能在變動的時代中找到屬於自己的舞臺。

理財不僅是數字的遊戲，更是實現夢想的旅程。期待本書能帶領讀者，跟隨 PG 的腳步，開啟屬於自己的財富與人生新篇章。

各界推薦

金融專家盛讚強推

臺灣大學財務金融學系特聘教授／張森林
政大財管系特聘教授兼商學院副院長／周冠男
逢甲大學福儲信託基金召集人／劉炳麟
阿爾發證券投資顧問董事長／陳志彥
阿爾發金融科技董事長／楊琇惠
台灣 ETF 投資學院創辦人／李柏鋒
「財金博士生的雜記 Yi-Ju Chien」粉專版主
價值投資達人／股海老牛
Ffaarr 的投資理財部落格版主／張遠
《通膨時代，我選擇穩定致富》作者／理財館長
「理財 w 實驗室」部落格版主／黃御維
「大詩人的寂寞投資筆記」粉專版主
「資工心理人的理財探吉筆記」粉專版主
「FIREman 的 FIRE 人生－Chris」粉專版主

前言

改變思維，
才能走上財富自由的正確階梯

　　股神華倫・巴菲特（Warren Buffett）在商學院演講時，曾告訴學生：「我用一張卡片就能改善你的財務狀況。卡片上有 20 個格子，代表你一生中能做的投資次數。當你把這 20 次機會用完後，就再也不能進行投資了。

　　「在這樣的規則下，每次做決策前你會更慎重考慮，並集中資金在真正想清楚的項目上。這樣一來，你的獲利將會大幅提升。」

　　每個人終其一生都得做出許多決策，雖然我們可能沒有聰明到能把每一個決策都做好，但我希望讀完本書後，你能學會識別壞決策，進而做出好決策。

　　我是在屏東出生、成長的南部孩子。高中畢業後，為了減輕家裡的經濟負擔，我放棄了已錄取的成功大學資訊工程系，選擇就讀警察大學。從那時起，我深刻體會到，擁有穩定的經濟能力，是一件非常重要的事。

　　就讀警大時，我從未閱讀過任何投資理財相關書籍，人生中第一次接觸理財，是在校內郵局購買一張中華郵政 6 年期儲蓄險，6 年期滿可存得約 40 萬元。對於當時月領 1 萬 5,000 元零用金的

財富自由的階梯

我,這筆錢已相當可觀。

直到開始工作後,我才意識到儲蓄險的利率其實非常低。同時,年金改革使公務員退休金縮水,少子化也導致基金撥補壓力增大,讓我對未來的退休保障開始感到憂心。後來,在某次針對反詐騙與廉政的宣導時,主管強調「正當理財」的重要性,讓我開始認真思考:該如何透過投資,加速資產成長、為退休做好準備。

那時,我的學習方式是閱讀大眾推薦的理財書籍,並大量查找網路資源。由於我的工作背景是刑事偵查,分析資料、比對真偽早已成為我的本能。所以除了參考臺灣的資訊,我也會查閱國外的資料,確認內容的正確性。我特別重視是否有學術理論支持,或是受到具公信力人士的認同,這能進一步強化資訊真實性的判斷。

此外,我還花了好幾萬元報名股票基本分析、技術分析和籌碼分析課程,但老師後來竟無故消失,結果還是得靠自己。偶然間,我讀了柏頓‧墨基爾(Burton Malkiel)的《漫步華爾街》(*A Random Walk Down Wall Street*)與先鋒集團(Vanguard)創辦人約翰‧伯格(John C. Bogle)所寫的系列書籍。我發現其中分享的被動投資、指數化投資、資產配置,除了有大量學術文獻支持,也契合我的價值觀,於是我展開投資旅程,並將自己的理解與實踐經驗整理成書,出版了《我畢業五年,用 ETF 賺到 400 萬》。

在投資初期,只要是能賺錢,且風險在我承受範圍內的標的,我都會先用些許資金嘗試,直到覺得可行後,才逐步放大金額。所以股票、加密貨幣、ETF、房地產、新創公司,這些我都投資過。我認為,只有試過了,才知道是否適合自己。

股票方面，我買的是金融股，但因為結果沒賺、沒賠，且需要具備太多產業知識、進行個股研究，所以我對個股投資並沒有非常熱衷；加密貨幣則讓我體會到人性的貪婪，以及市場的不成熟，讓我的心理負擔太大，所以後來也沒有擴大投資比例。現在，**我主要是以 ETF、房地產，以及新創公司股票為主。**

放棄穩定升遷，我選擇從零開始

當我向身邊的人訴說離職的念頭時，大家都很驚訝，畢竟投資需要本金，而一份穩定又不錯的收入來源相當重要，已經在單位升遷的我，沒道理現在離職、從零開始。我曾考慮過繼續升遷，或是轉考司法官、機師等，但最後發現，金融理財是我最有興趣，也最投入的領域，因此我決定轉換跑道。

有句話說：「只要持續投資，財富就會不斷增長。這就是指數投資的魅力。」但在當時，臺灣幾乎沒人推展指數投資。這種方式在國外相當普遍，且非常多大型機構與投資顧問都有採用，甚至連官方的政府資金也會使用，沒道理在臺灣無法實施。

此外，我發現在臺灣，許多個人投資者都必須親自研究、驗證，才能習得投資的方法，就像當時的我一樣。如果沒有讀到相關觀念與方法，很多人不得其門而入，或是走了很多彎路，更慘的甚至還會被詐騙。

投資其實並不難，甚至可以非常簡單，卻很少人成功。或許這就是投資違反人性的地方，我也一直在想，有沒有辦法將書中所寫

財富自由的階梯

的知識,以及投資學、財務管理理論所教的觀念,都加以自動化、數位化,提供新手、沒有時間者或是已充分了解的人使用。

其實並不只有我這樣想。原來早在 2010 年,美國就出現了第一家機器人投資公司 Betterment,且截至 2024 年 9 月,其管理的資產已超過 560 億美元,客戶帳戶超過 90 萬個。就連墨基爾現在也在自動化投顧公司 Wealthfront 擔任首席投資長(Chief Investment Officer),此外,國際間也有非常多類似的公司,例如日本的 WealthNavi、新加坡的 Syfe,以及英國的 Nutmeg 等。

後來,我在網路上發現我現在任職的公司——阿爾發證券投顧,也在積極推廣這樣的投資理念。我心想:「如果未來可以用這樣的專業替別人管理資金,那麼將會是一件很棒的事。我能夠幫客戶賺取財富,同時也能獲取收入。」於是,經過一連串的考量後,我便決定辭去公職,加入現在的公司服務。

理財,是一場與自己的長跑

為什麼我如此重視穩健的投資方法?高中時,我申請了學雜費減免,大學念的是公費學校,我明白自己的優勢、劣勢,知道自己必須穩紮穩打才能成功。雖然偶爾還是會有點衝動,但本質上不喜歡過於冒險的投資,寧可慢一點,也要確保我能夠達到想要的目標。如果這也是你的理念,我想這本書應該能讓你讀得很開心。

市面上確實有許多相關書籍,但內容大都過於專業,且缺乏實際經驗與真實故事。另外,大多數學校的教育重點也偏向專業機構

前言　改變思維，才能走上財富自由的正確階梯

需要的金融知識，很少教導我們如何做好個人理財。因此，我跟你一樣，都是透過閱讀、上網，或是請教他人，一點一滴把理財的輪廓拼湊出來，從實戰中學習、從錯誤中成長，才慢慢建立起屬於自己的理財觀念與方法。

現在教育的問題在於，**學校教導太多「你該知道的事情」，但是太少「能用的知識」**，即使是國立名校財金系畢業的學生，擅長企業金融、期貨選擇權，但在個人理財能用的觀念，可能都只比高中生好一點。

我已經畢業超過 10 年。每次採訪時，我都會問對方：**「如果回到 10 年前，你會給 10 年前的自己什麼建議？」** 本書彙整了我希望自己 10 年前就懂的觀念，並特別聚焦在那些無論何時閱讀，都不會過時的核心理念。

我認為要寫一本好書，就得先成為那本書。同樣的，想成為有錢人，就必須先獲得有錢人的思維。

為了理解他們變有錢的原因，我蒐集、就近觀察有錢人的特質，希望了解是什麼替他們帶來財富。整個觀察與寫作，都發生在我大學畢業後的 10 年內，以我遇到、服務的樣本為主。

與此同時，我勤奮工作，倚靠我的薪資、獎金、稿費、講師費、投資收入，在職業生涯第 5 年累積到 400 萬元的淨資產。第 10 年時，資產突破 1,000 萬元，我買了房子，也擁有自己任職公司的股權以及著作權等。

曾經，累積千萬資產是一個遙遠的目標，但經過這 10 年一步一腳印的努力，目標已經達成，所以我想用自身經驗分享，只要你

財富自由的階梯

願意開始、目標明確、持續努力，你想達成的任何目標都將實現，我的經驗或許也能為你帶來幫助。

在累積與進步的過程中，我有幸能夠就近觀察許多富裕人士，這些人涵蓋離職或二次創業的上市公司企業家、大學教授、工程師等。他們甚少是依靠繼承跨入富裕階層，大都是先從事一份不錯的工作，再透過儲蓄、投資才累積巨額財富。

令我訝異的是，即使已經身處富裕階層，他們仍孜孜不倦的努力工作、打理財務，其中有些人預計退休的年齡比一般人來得晚。他們有的開加油站，喜歡跟年輕人一起工作，希望 75 歲時再退休；有的甚至事業版圖橫跨餐飲業、建築業、旅遊業，想要等到 80 歲再考慮退休的事。

不過，雖然他們相當重視理財規畫、投資風險控管與家庭財富傳承，但生活與家庭也是他們的重心。這些人願意理財，但並不完全依靠理財；他們讓錢滾錢，更善於讓錢追人。

同時，我也就近觀察到人性的弱點，像是貪婪、急躁、懊悔，急於求成的心態，加上激進的貸款，最後投資失利，而悔不當初。我很幸運，能從許多謹慎理財的人身上，學到許多受用的財務知識並實際運用。

一直以來，我就喜歡那些能夠經得起時間考驗的東西。所以我真心希望，不管你是在哪個階段讀到這本書，裡面的內容都能對你有所幫助。

我始終相信，**市場會變，但真正有價值的建議很少改變**。唯有當我們不再只追逐表面的財富，才有機會看見真正的財富。

第一章

如果可以，
我會更快開始學理財

財富自由的階梯

01

財富，是認知的變現

創新是引領進步的火車頭，金融則帶來改變世界的力量。前人的偉大之處不僅在於構思新想法，更包括讓這些想法變得有用。

在歷史長河中，疾病是個揮之不去的陰影。大約 100 年前，人類平均壽命落在 30 歲至 40 歲。當時傳染病的死亡率極高，一個小小的割傷就可能危及生命。在這種背景下，發現能抑制細菌生長的抗生素，無疑是歷史上的重大突破和創新。現在，人類平均壽命已超過 70 歲，醫療的進步讓人類壽命延長一倍。

而過去百年來金融工具的發展，大致可分成下面幾個階段：

- 1602 年，全世界只有荷蘭東印度公司這一間股份有限公司。在這之前，人們難以參與企業的獲利。
- 1920 年代，美國出現共同基金（Mutual Fund），允許投資人用小額資金分散風險，投資一籃子標的。
- 1952 年，美國經濟學家、現代投資組合理論之父哈利・馬可維茲（Harry Markowitz）發表了〈投資組合選擇〉

第一章　如果可以，我會更快開始學理財

（*Portfolio Selection*），將數學引入投資組合管理，證明分散投資能夠降低風險。

- 1960 年，經濟學家愛德華・瑞修（Edward F. Renshaw）和保羅・費爾德斯坦（Paul J. Feldstein）在《財務分析師期刊》（*Financial Analysts Journal*）上發表文章，對當時主流的主動管理基金提出質疑，主張成立一種「無管理的投資公司」（Unmanaged Investment Company），其唯一目標是追蹤市場的平均表現或指數。這也被視為指數基金（Index Fund）的早期理論之一。
- 1970 年代，指數基金出現，人們能用更低的成本取得全市場的報酬。
- 1990 年代，馬可維茲獲頒諾貝爾經濟學獎；尤金・法馬（Eugene Fama）和肯尼斯・弗倫奇（Kenneth French）教授提出了 Fama-French 三因子模型（Fama-French three-factor model，見第 182 頁），解釋股票市場的平均報酬率，受到哪些風險溢酬因素的影響；ETF 的出現，讓指數基金交易更便利。
- 2000 年代，電腦網路結合機器人理財（Robo-advisor，或稱智能投顧），讓投資管理更簡單，即使是一般投資人，也可以用科學化的方式管理投資。
- 2020 年以後，有了人工智慧（artificial intelligence，簡稱 AI）的應用，或許在未來，每個人都能有個聰明的金錢管家在身邊，可以做出更好的財務決策。

財富自由的階梯

PG 入門筆記

■ 共同基金

所謂的共同基金就是將眾多投資人的資金結合起來，再由專業機構負責投資管理，而投資的收益及風險由投資人「共同」分擔。依操作方式不同，共同基金還可以分成「主動型基金」（Active Fund）和「被動型基金」（即是指數型基金，Traditional Index Funds，簡稱 TIF）。前者是經理人主動採取各種策略，選取投資標的、決定進出場時機；後者是以達到跟「整體市場相同」的報酬為目標，這種基金會參考市場上的指數組成成分，來調整持有標的。

■ 指數股票型基金（ETF）

指數股票型基金的性質介於股票以及基金之間，既像股票一樣交易方便，又有基金分散風險的效果。ETF 發行公司的任務是讓 ETF 的報酬貼近某指數，讓我們投資 ETF 就像是投資該指數一樣，可以直接拿到指數的報酬表現。

■ 機器人理財

機器人理財是指透過線上互動，依據需求者設定的投資目的及風險承受度，利用人工智慧及大數據分析，提供客戶投資理財建議的顧問服務。

第一章　如果可以，我會更快開始學理財

　　從共同基金、指數股票型基金，再到機器人理財，這些金融工具的出現，讓我們能更輕鬆的打理財務。

　　創新，在於用全新方式看待舊事物。人們想用投資理財達成財務目標的想法或許都沒有改變，但方式持續改變，財富管理科技（WealthTech）的進步，讓人們可以更輕鬆、更省心的投資，未來的財務結果能更好。

好工具＋好思維＋好作為＝好結果

　　金融工具非常方便，但就如同抗生素，如果沒有遵照醫囑就擅自停藥或減量，不僅無法消滅細菌，還會讓細菌繁衍出更強大、具抵抗力的下一代。過去，我們或多或少都聽過，病患使用各種民俗療法、偏方，直到受不了、很嚴重時才到醫院看診的案例。這是一件令人匪夷所思的事，直到我讀到奇美醫學中心加護醫學部主治醫師陳志金所說的話後，才理解人們為何會尋求偏方。

　　陳志金醫師說：「為什麼人們會使用偏方？有時候，就是因為他們沒有其他選項。你不會看到只因咳嗽、感冒就喝符水的人，但如果身患絕症，他們就可能會到寺廟祈求，越難治癒、越罕見的疾病越可能出現這種狀況。

　　「這並不是他們的錯，而是在僅有條件與知識背景下，透過理性所能做出最合理的決策。在相關知識不足的情況下，人們會做出一些匪夷所思的行為。」

　　這一點，在投資理財方面也一樣。什麼樣的人，會把該長期持

財富自由的階梯

有的基金做短線進出？是貪婪、缺乏耐心的人們。又什麼樣的人，會在低檔應該加碼時放棄長期投資？是恐懼、擔憂的人們。

工具再好，缺乏正確的思維與行為，也不會有好的結果。我認為，「好的工具＋好的思維＋好的作為＝好的結果」。這也是我們應該提升財務知識的原因，當擴張思維邊界，知曉更多工具、方法後，就能獲得更多選項，也會知道該如何運用這些選項。

02
從你領到第一筆薪水就該開始

18 歲時，我拿到人生第一筆被動收入，就是每個月 1 萬 5,000 元的公費零用金。然而，當時的我並沒有投資意識，整天忙於警校忙碌的行程。多年後，當我了解複利（compound interest）的概念時，還是會因為沒有及早開始投資而深感遺憾。

日本卡通《櫻桃小丸子》中有句臺詞：「人生就是一直不斷的在後悔。」正因為後悔，我們才會記取教訓，也知道下一次該怎麼做才好。

從我的親身經驗，以及許多成功投資者的觀點來看，真正能夠把握複利的人，往往是那些錯失過機會、損失過時間的人。

例如，我問過投資前輩 Jet Lee 和李柏鋒（鋒哥），他們現在有如此成就和可觀的資產，還有什麼事是他們沒做到的？**他們的回答相當一致：「如果可以，我會更早開始投資。」**

以下，我們來看一些具體數據，以深入理解投資和複利的重要性。假設我在進入警大、第一次領到公費零用金時（2010 年底），就開始每個月投資 5,000 元買 ETF，與畢業工作兩年後（2016 年

財富自由的階梯

中)才開始投資,10 年後的收益會相差多少元?答案是將近 100 萬元(98 萬 7,256 元,見圖表 1-1)。

圖表1-1　第一次領薪水就開始投資 vs. 畢業工作兩年後才開始投資差異圖

如果想在 65 歲時擁有 1,000 萬元,那從 22 歲到 29 歲開始,每年需要投資多少錢?以年複利 8%、目標金額為 1,000 萬元,且每年投入固定金額試算,以下是計算公式:

$$目標金額 = 每年固定投入金額 \times \frac{(1+利率)^{期數} - 1}{利率}$$

$$\Rightarrow \frac{目標金額 \times 利率}{(1+利率)^{期數} - 1} = 每年固定投入金額$$

第一章　如果可以，我會更快開始學理財

以 22 歲為例，投資的期數為 43 期（65－22＝43），利用下方算式可算出每年固定投入金額為 30,341 元。

$$\frac{10,000,000 \times 0.08}{(1+0.08)^{43}-1} = \frac{800,000}{(1.08)^{43}-1} \fallingdotseq 30,341$$

再將該金額平均分攤於每月或每日，便可獲得對應金額（見圖表 1-2）。

圖表 1-2　想在 65 歲擁有 1,000 萬元，越晚開始，代價越高

開始定期投資的年齡（歲）	投資金額（元）		
	每年	每月	每日
22	30,341	2,528	83
23	32,868	2,739	90
24	35,615	2,968	98
25	38,602	3,217	106
26	41,851	3,488	115
27	45,389	3,782	124
28	49,244	4,104	135
29	53,447	4,454	146

財富自由的階梯

從上頁圖表 1-2 可看出，如果 **22 歲時就開始投資，每日只需要存 83 元（30341÷365≒83），就可以在 65 歲時擁有 1,000 萬元**。但如果延遲到 29 歲才開始，每日需要存入的金額會增加約 1.76 倍（146÷83≒1.76 倍）。

用剛領到的薪水規畫，是最輕鬆的時刻

雖然在剛出社會時，就考慮退休規畫似乎有些遙遠，甚至奇怪，但請相信我，**從領到第一筆薪水的那一刻起，著手規畫退休，這將會是你一生中最輕鬆的時刻**。因為你可以用最少的預算，為自己打造最理想的退休生活。

以 23 歲定期定額投資 ETF 的投資組合為例，只需要每個月 3,000 元，在年報酬率 9% 的狀況下，能在 65 歲時累積 800 萬元的退休金。這個 800 萬元你可以選擇一次拿回來，或是可以選擇繼續投資，然後從 65 歲開始，每個月領 2 萬 3,000 元，持續到 90 歲。

若等到 10 年後（33 歲）才開始投資，同樣的 3,000 元到 65 歲只能累積到 388 萬元。65 歲起，每個月可以提領的金額只剩下 1 萬 1,000 元。

同樣的，假設想在 35 歲時，以 300 萬元的頭期款購置一間自住的房屋，若從 23 歲起每個月存 2 萬元，以銀行存款 1% 利息計算，則 35 歲時就能存到 300 萬元。

要是願意承擔一些風險，可以選擇定期定額投資 ETF，以股債比 70／30（按：指 70% 投資在股票、30% 配置於債券）的投資組

合為例（年化報酬率約 8%），有機會提前在 32 歲或 33 歲時，就達成 300 萬元的目標。

圖表 1-3　及早立下目標，退休、買房指日可待

目標	目標金額（元）	預計達成年齡（歲）	每月準備（元）
退休	8,000,000	65	3,000
買房	3,000,000	35	20,000

除了以上，還有一個社會性原因：剛畢業的前 10 年，人們通常還沒有成家立業，並不需要養家、繳房貸、負擔月子中心的費用，或是孩子的學費。在成為上有老、下有小，腿麻不能離職的三明治族群前，這段時間，大多數的收入都能自己自由運用。

財富自由的階梯

03

畢業後的前 10 年是關鍵

請你想一下這個問題：假設小雞跟蝙蝠，同時從動物學校畢業，兩者都步入職場、開始工作。小雞習慣早早處理事情，蝙蝠則習慣晚點再開始。對於投資理財，兩者也抱持著同樣的想法。

小雞決定在職業生涯的前 10 年努力存錢，之後再也不存錢；而蝙蝠決定晚點開始，先等 10 年，然後在接下來的 30 年裡，每年都存錢。假設在他們開始存錢後，每年都存 1 萬元並賺取 7% 的利潤，那麼 40 年後，誰最終擁有更多財富？

答案是小雞，最後可擁有 112 萬 5,365 元，而晚 10 年的蝙蝠則擁有 100 萬 5,750 元，相差 11 萬 9,615 元（見右頁圖表 1-4）。

晚 10 年開始的投資，損失多少？

如果蝙蝠想在 10 年後，擁有跟小雞一樣多的財富，那麼他得比小雞多存多少錢？根據右頁圖表 1-5 顯示，蝙蝠需要努力多存約 11.35％，也就是一個月多存 1,135 元，才能在未來跟小雞擁有相等

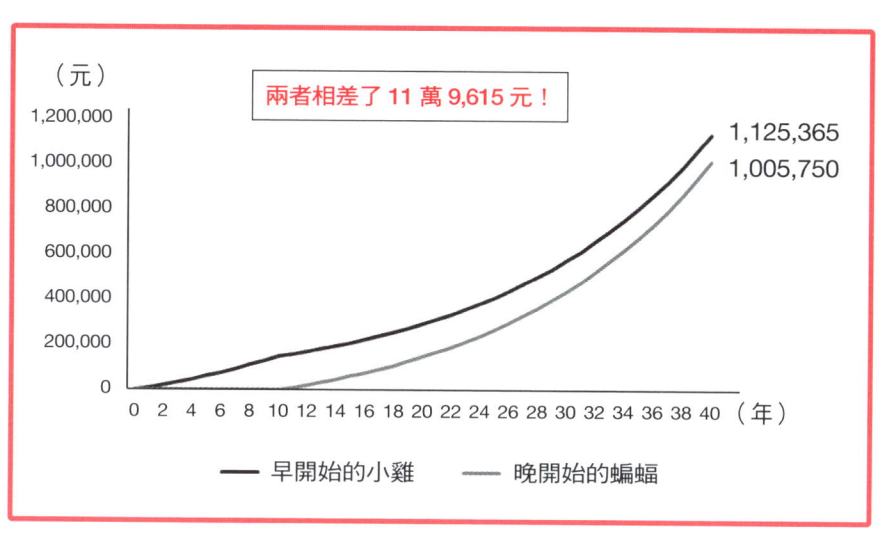

第一章　如果可以，我會更快開始學理財

圖表 1-4　晚 10 年開始投資的存款差異

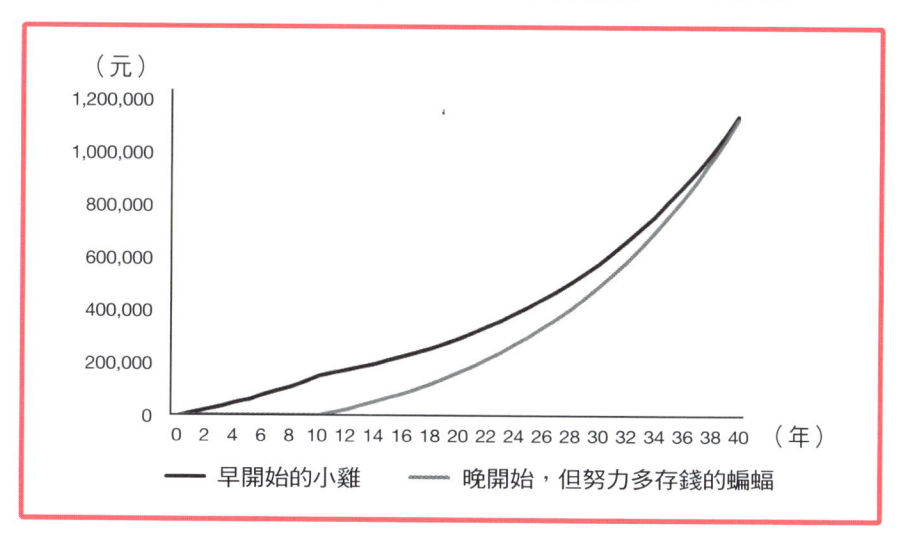

兩者相差了 11 萬 9,615 元！

1,125,365
1,005,750

— 早開始的小雞　　— 晚開始的蝙蝠

圖表 1-5　每個月須多存 1,135 元，才能彌補 10 年差距

— 早開始的小雞　　— 晚開始，但努力多存錢的蝙蝠

035

財富自由的階梯

的財富。

但即使蝙蝠努力多存 20 年,也必須在 30 年裡都維持同樣的資金才能達到跟小雞一樣的成果。也因為時間花費更久,因此蝙蝠付出的本金是小雞的 3 倍。

晚開始 10 年,必須付出別人 3 倍的本金,再加上多 1 成的努力,才能擁有同樣的結果。

早期投入的資金,對財富的貢獻大

如果小雞選擇存 40 年,每年投入 5 萬元,在利率 7% 的狀況下,40 年後小雞可以累積約 1,000 萬元,而這 1,000 萬元,是由過去每一年的資金累積而來,所以各年度的貢獻並不相等。

也就是說,如果把每一年的投入想像成一位員工,小雞等於是用 40 年請了 40 位員工,而最資深的那位貢獻度最大,幫小雞賺最多錢。

從右頁圖表 1-6 可以看到,第一年的投資占最終總額 7%,而第 20 年的投資只占最終總額 1.9%,越到後期降至不到 1%。如果進一步把每一年的貢獻度加總,可以發現前 10 年累積就超過 50%(見右頁圖表 1-7)!

換個角度來看,我們也可以發現拖延帶來的惡果。在投資上,拖延帶來的後果相當嚴重,因為時間在金融世界也被定價,在失去時間的同時,我們也失去了把握複利的機會。

複利,是來自時間的贈禮。無論年齡,只要你還有收入、還能

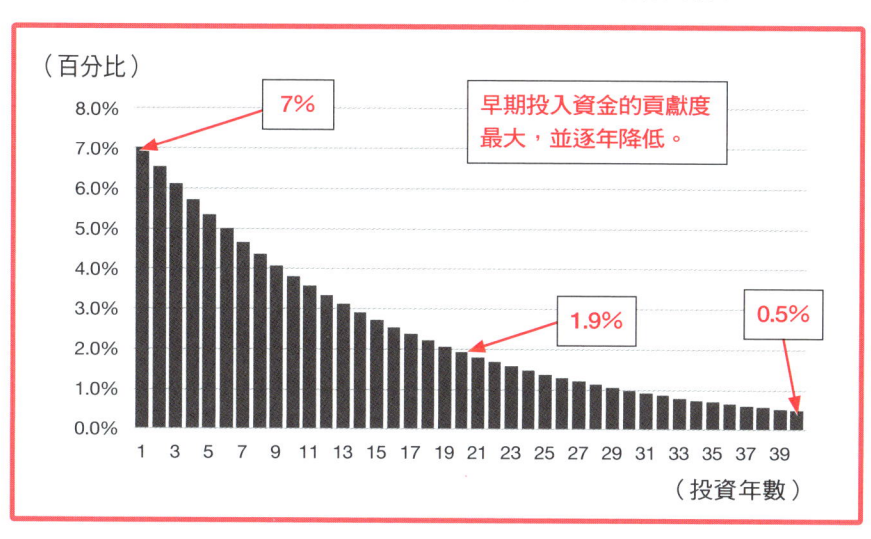

第一章　如果可以，我會更快開始學理財

圖表 1-6　每年投入 5 萬元，對最終收益的貢獻百分比

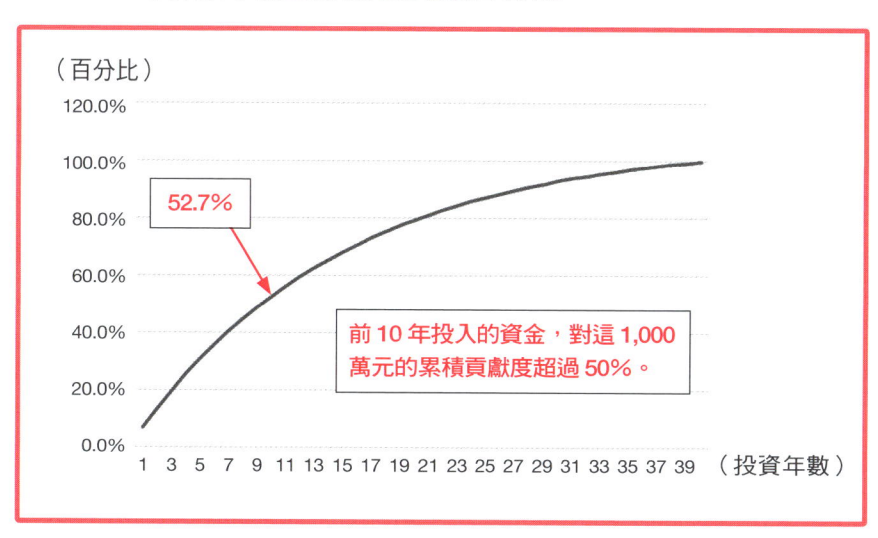

（百分比）

7%

早期投入資金的貢獻度最大，並逐年降低。

1.9%

0.5%

（投資年數）

圖表 1-7　對最終收益的累積貢獻百分比

（百分比）

52.7%

前 10 年投入的資金，對這 1,000 萬元的累積貢獻度超過 50%。

（投資年數）

037

財富自由的階梯

儲蓄，現在就是開始投資的最佳時間，不要再因為時間流逝而損失你的權利。

你可以想想，自己已經工作幾年了？又晚了幾年才開始投資？你覺得，是繼續錯過、損失更多複利的機會好，還是馬上開始比較好？因此，從畢業的那一刻，請馬上開始你的複利投資，不要讓損失有機會擴大。

第二章

重新審視你的消費

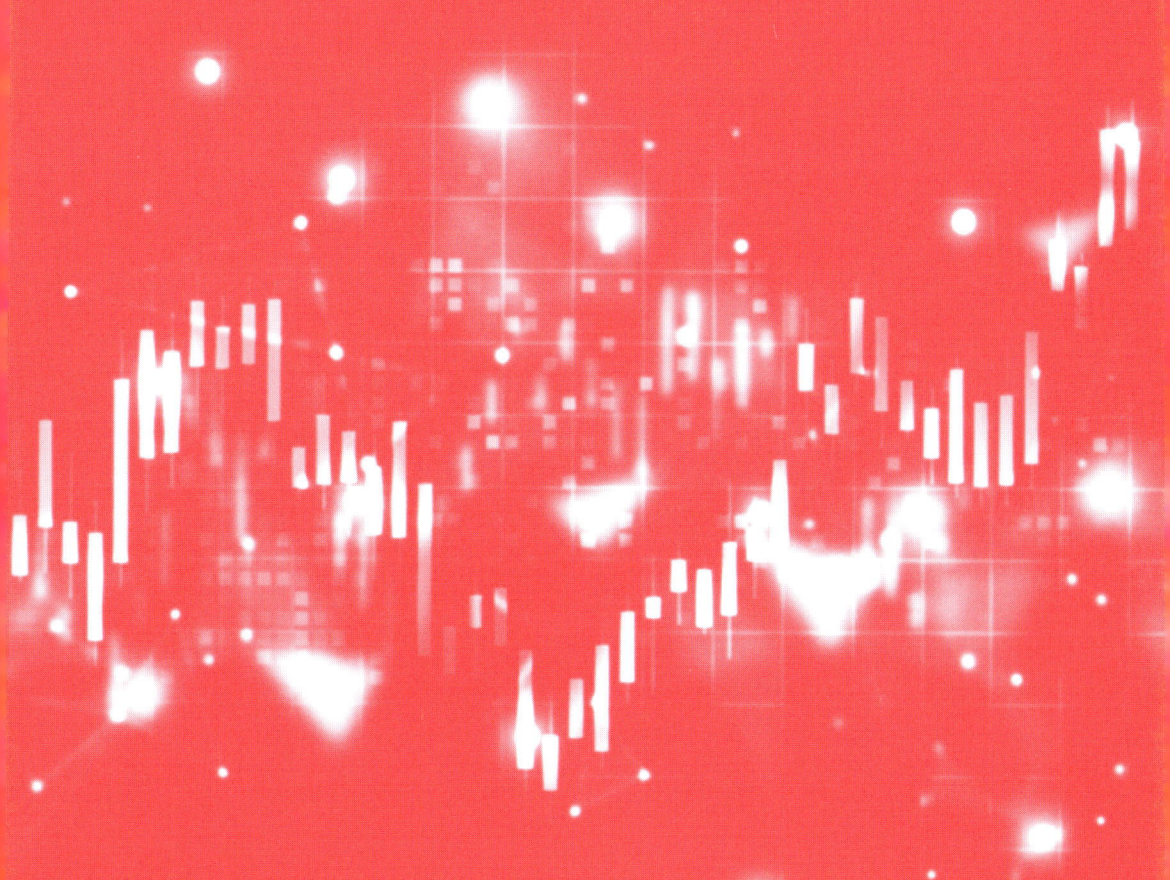

財富自由的階梯

01

東西會越來越貴且持續下去

　　我跟我媽相差了 30 歲，聽她提過小時候在屏東一碗陽春麵只要 1 元，這種便宜到誇張的價格，令我訝異。

　　在我讀國中時，同學們都會在補習前，先到附近的飲料店買點心。當時大杯的珍珠奶茶價格大約是 25 元到 30 元、炸甜不辣約 15 元，總之，只要一個 50 元銅板就能搞定這樣的套餐。

　　然而，到了 2023 年，便宜一點的炸甜不辣至少要 30 元，珍珠奶茶大約是 60 元到 70 元，使用純鮮奶、或是有名的店家，價格甚至會接近 80 元、90 元。

　　驀然回首，才發現有了如此普遍性的改變。漲價並不是短時間就發生，是經過了好幾年、甚至幾十年，而這種改變，便稱為通貨膨脹（inflation），簡稱通膨。

　　根據經濟學定義，通膨指一般物價水準在某一時期內，連續性的以相當的幅度上漲；或等值的貨幣，其購買力持續性下滑。只有具備「普遍」、「持續」和「顯著上漲」等特徵，才能稱為通膨。

　　根據中華民國統計資訊網（https://www.stat.gov.tw/）的資料，

第二章　重新審視你的消費

從 1981 年以來到 2025 年 1 月，消費者物價指數年增率平均是 1.61%，中位數則是 1.47%。在這段時間，物價指數（以 2021 年平均為 100 當基期）從 52.95 成長到 109.43，翻了一倍。

實際的感覺就是，40 年過去，商品價格都漲了一倍，雞排從 40 元變成 80 元、珍珠奶茶從 30 元變 70 元。

物價上漲並非完全不好，穩定的通膨對整體經濟有益。只要通膨率穩定、小幅度上漲就有利經濟成長；企業看見景氣變好，更願意投資、僱用員工；而利潤提升，員工才可能加薪；有錢買東西、經濟又成長，帶來正向影響。

世界公認的通膨率目標是 2% 至 3%，比如美國在 1927 年到 2023 年的長期平均通貨膨脹率為 3.1%。反之，若薪水或存款跟不上物價上漲，實際上能買到的東西就變少了，這就是「購買力縮水」。因此，可預見的是，未來東西會越來越貴，且持續下去。

財富自由的階梯

02

你是真需要或是好想要？

在現實社會，大家常用光鮮亮麗的外在，像是裝扮、好車或名錶，來判斷一個人是否成功。環境會塑造習慣，也因此人們在無意識中認為，開好車的人成就較高，就連過去的我也不例外。

在我剛存到 500 萬元時，想買一輛車。我那時的想法是「我可以」，我可以開自己的車回南部老家、可以帶女朋友出遊、可以載家人出門。擁有一輛車，似乎變成證明自己的表徵，代表我有成就，這是外顯的成功。

但是，**當資產沒能帶來經濟價值，未來就沒有錢會流入我們的錢包**。表面看起來是成功，本質上卻是財務上的債務。

再者，買車容易養車難。養車的成本包含稅金、保險費用、燃料費、維修保養、更換輪胎、停車費和其他雜支等。當時的我也算過了，如果要養一輛車，每個月也只是多了幾千元的開銷，「似乎」還過得去。

不過，那時就連女朋友都投出了反對票，原因是其他家人已有買車，而且以我們的生活模式，只能當「假日車手」。在我居住的

第二章　重新審視你的消費

市區，停車不方便，以上班的路線來說，搭乘大眾運輸會比開車輕鬆。從我的作息來看，平日根本不需要開車出門。

當時我印象最深刻的，是我爸跟我說：「能有現在的狀況，是因為你有存錢。等你真的擁有更多時，再來考慮吧！」這令我重新反思，我真的需要嗎？

我很感謝家人當時的勸誡，讓我延遲一筆人生中的重大開銷，並將這筆預算用於投資，越滾越大，而不是花在一輛每年會掉價10%、沒辦法增加生產力，且我還沒有能力擁有的車子上。

我的家庭環境，讓我養成了節儉跟儲蓄的習慣，對於我累積本金的速度有很大的助益。如果你今天有一筆大額支出，最好適度的讓家人知道，因為當你一頭熱時，他們可以「潑冷水」幫忙降溫。

不要在無法負擔時，勉強自己擁有一輛車，否則這只會成為壓力，反而讓這些原本能表現禮貌、品味的加分項目變成負擔。

測試消費力的方法：將花費分攤到每月

除了詢問身邊親人的意見，另一個測試消費力的方法，就是將花費平均分攤到每個月，以檢視每月收入是否能支應。

以養一輛排氣量 1,201c.c. 至 1,800c.c. 的車為例，假設每年行駛 1 萬 5,000 公里，加上稅金、保險費用，一年的養車成本約為 83,520 元，平均每月 6,960 元。如果有貸款、月租車位需求，或是車子較為高級（高級車的維修保養費用會更高），支出會提升更多（見下頁圖表 2-1）。

財富自由的階梯

如果是以「1 年要花費八萬多元」角度思考,或許會覺得負擔得起。但若是平均分攤成「1 個月要繳近 7,000 元」,就能更直觀的針對每月可以分配的預算,問自己:這筆支出會讓我每月可自由運用的錢減少多少?進而去思考:我能負擔得起嗎?

圖表 2-1　養一輛車,平均每月需要支出的費用

項目	每年增加支出（元）	每月增加支出（元）	備註
燃料稅	4,800	400	
牌照稅	7,120	593	
保險費用	15,000	1,250	以國產車丙式保險,加上強制險 1 年 1,000 元計
油耗	30,000	2,500	以 1 年平均 1 萬 5,000 里程數計,平均油耗為 15 km/L
維修保養	9,000	750	若每 5,000 公里保養一次,平均一次花費 3,000 元計
更換輪胎	8,000	667	兩年一次,一次 16,000 元計
停車費（臨停）	4,800	400	以每月 400 元計
雜支（罰單、過路費、洗車及汽車美容費用等）	4,800	400	以每月 400 元計
總額	83,520	6,960	

03

儲蓄率跟投資報酬率，哪個重要？

很多人談到投資，就只關注投資報酬率，但其實提升儲蓄率也同等重要。想像一下有兩個人，他們賺的錢一樣多，但在同一段時間做了不同的事情：

會存錢的人（簡稱 A）：每年將所得的 8% 存起來，放在每年 1% 的投資報酬率。

會投資的人（簡稱 B）：每年將所得的 1% 存起來，放在每年 8% 的投資報酬率。

請問 30 年後，誰可以累積比較多資產？很多人會直覺認為 B 能累積比較多，但實際上卻是 A（見下頁圖表 2-2）。因此，盡可能多存錢才是成功累積財富的基石。

圖表 2-2 左邊第一欄是投資報酬率，上方第二列由左至右則是代表每年從收入存下 1% 至 8%（括弧內為換算金額）。左下角代表將每年所得的 1% 存起來，放在每年 8% 的投資報酬率，30 年後可獲得的金額是 6 萬 663 元。而右上角則是每年將所得 8% 存起來，放在每年 1% 的投資報酬率，經過 30 年後，可獲得的金額是

財富自由的階梯

14 萬 9,018 元。

如果每年固定將所得的 8% 存起來，並擁有 8% 的投資報酬率，那 30 年後就能獲得右下角的結果，得到 48 萬 5,305 元。

存錢與投資都很重要，當你具備儲蓄率 8% 的概念後，後面的章節會逐步教你如何把投資報酬率從 1% 變成 8%。

圖表 2-2　每年存 8% 與 1%，30 年後的資產差異

Ann. Rate of Return	1% ($536)	2% ($1,071)	3% ($1,607)	4% ($2,142)	5% ($2,678)	6% ($3,213)	7% ($3,749)	8% ($4,284)
1%	$18,627	$37,255	$55,882	$74,509	$93,137	$111,764	$130,391	$149,018
2%	$21,724	$43,448	$65,173	$86,897	$108,621	$130,345	$152,069	$173,794
3%	$25,477	$50,953	$76,430	$101,907	$127,383	$152,860	$178,336	$203,813
4%	$30,033	$60,067	$90,100	$120,134	$150,167	$180,201	$210,234	$240,268
5%	$35,578	$71,156	$106,734	$142,312	$177,890	$213,468	$249,046	$284,624
6%	$42,336	$84,671	$127,007	$169,343	$211,678	$254,014	$296,350	$338,685
7%	$50,584	$101,168	$151,751	$202,335	$252,919	$303,503	$354,086	$404,670
8%	$60,663	$121,326	$181,989	$242,653	$303,316	$363,979	$424,642	$485,305

（左側欄：投資報酬率；上方欄：存款率）

資料來源：Charlie Bilello。

第三章

我如何賺到
第一個 1,000 萬元

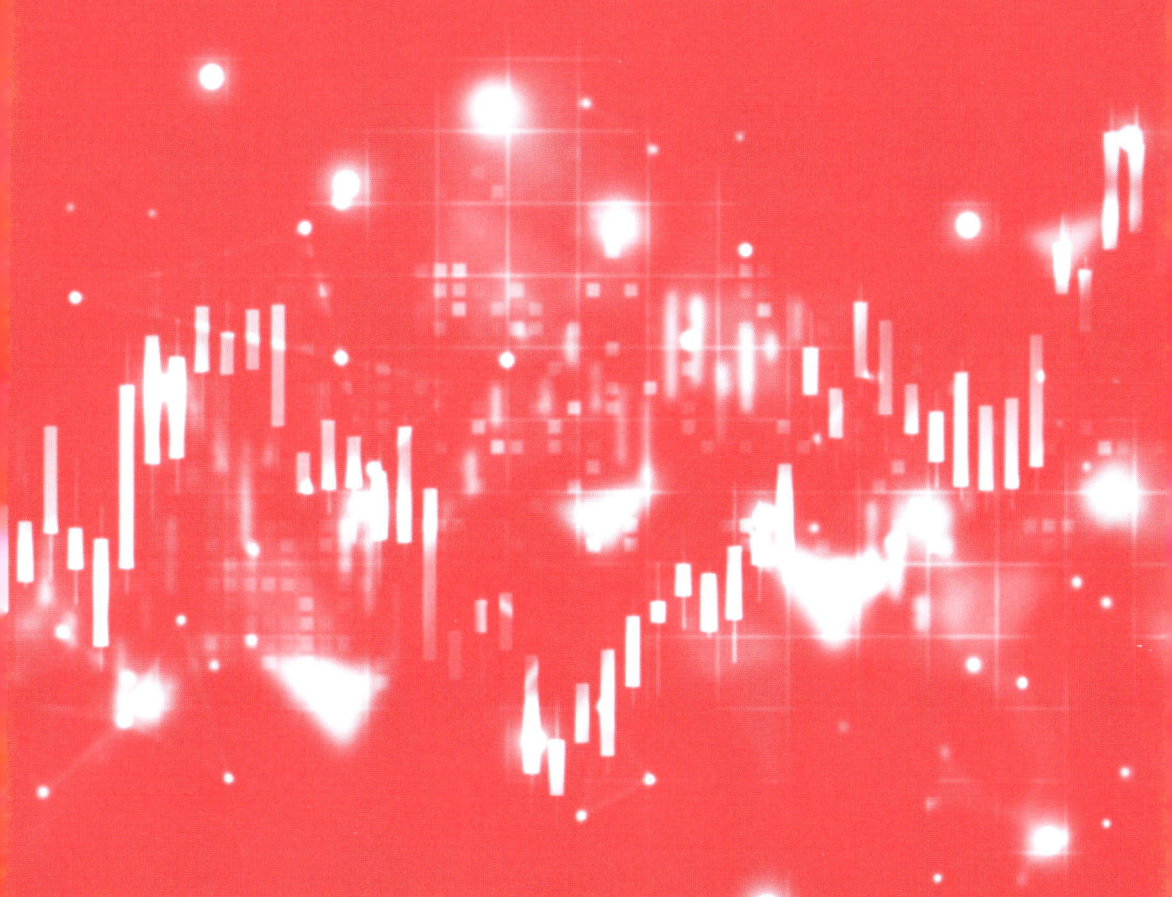

財富自由的階梯

01
我在 32 歲時達到目標

前網球世界球王鮑里斯・貝克（Boris Becker）曾拿過 49 次巡迴賽單打冠軍，包括 6 座大滿貫（按：在澳洲網球公開賽、法國網球公開賽、英國溫布頓網球錦標賽、美國網球公開賽中均奪冠），在網球生涯當中贏得超過 2,500 萬美元的獎金，折合新臺幣約為八億多元，收入遠超過一般人。

但是，他因無法償還自 2015 年以來積欠的巨額債務（1,050 億歐元，約新臺幣 3 兆 7,815 億元），最終於 2017 年 6 月 17 日被倫敦高等法院宣告破產。

貝克並不是個案，像是世紀球王迪亞哥・馬拉度納（Diego Maradona，足球史上最具影響力的球員之一）、拳王麥克・泰森（Mike Tyson）和高爾夫球員約翰・達利（John Daly）等體育界傳奇人物，雖然他們在球場和擂臺上賺得很多，但也因為理財不當，最後都未能逃過財務危機。

運動員的職涯很短，但人生卻很長，積蓄要足夠承擔下半輩子的花費，需要下很多功夫。光是他們說想理財，就會有一堆人撲上

去想「幫助」他們，這些運動員除了要好好辨別（但很難），也要懂得自律。

在《死薪水的不投機致富金律》（*Financial Freedom*）、《致富心態》（*The Psychology of Money*）等書中，都有寫到防守的重要性，因為**防守才是最強的進攻**。高收入不等於高財富，守住財富是人生必修的第一堂課，守住 100 萬元遠比賺到 100 萬元更難。

要想守住財富，有三個重點：

- 把賺到的錢存下來，否則賺再多，財富還是零。
- 減少投資的虧損，因為虧損後，要回到原點需要付出更大的努力。
- 學會留在場內不出局，讓未來永遠有機會。

設定具體目標，讓努力更有方向

有一次，我在網路上發布了一則貼文：「30 歲時，要有多少存款？」有人說要有兩億：失憶跟回憶，不過這當然是開玩笑。

我發現大家回答問題時範圍廣泛，有人說 30 歲時只有車貸、房貸，根本沒有存款；有些人說最基本的存款就是要有 100 萬元；也有人說，按照現在的社會，沒有 5,000 萬元應該很難生存。

後來，我跟同事翔宇拍影片時討論到：「剛畢業時，有沒有為自己設下目標？」比如，30 歲時應該要存到多少錢？翔宇說，他的目標是在 30 歲前，存下第一桶金。而自己對第一桶金的定義大

財富自由的階梯

約為 150 萬元到 200 萬元，是一個他覺得可以的範圍。

其實，這並不難，他只要每天存下 391 元，投資在年報酬率 8％ 的標的上，8 年後就能擁有 150 萬元。

再舉個例子：成為千萬富翁，擁有 1,000 萬元的資產，似乎是很多人的夢想。

我有一位客戶，在週年盤點後，資產已超過 1,000 萬元。你可能會認為她的薪水應該很高，才能存到 1,000 萬元吧？但其實恰好相反，她只是一個平凡的醫療業上班族，年薪不到 100 萬元，還有兩個可愛的小孩。她只是透過存錢、資產配置，跟持續投資理財，就在四十多歲達到資產 1,000 萬元。

我替她感到開心，也感受到我的從業價值，這不來自於我賺很多錢，而是來自於我的客戶賺錢。對她來說，擁有 1,000 萬元，換得的不是更奢華的生活，而是安心與平靜，可以陪伴小孩、家人，輕鬆工作、不再焦慮。

因為擁有 1,000 萬元後，假設 1 年總報酬率為 5％，代表 1 年可以增長 50 萬元（10,000,000×5％＝500,000）；若 1 年總報酬率為 8％，代表 1 年可以增長 80 萬元（10,000,000×8％＝800,000）。

資產成長 50 萬元至 80 萬元，是一個上班族工作 1 年可以存下的錢，甚至只是 1 年可以賺到的收入。但當擁有了 1,000 萬元，就算什麼都不做，這些錢也會再幫我們賺更多錢。

金錢是永動機（按：不需外界輸入能源、能量或在僅有一個熱源的條件下便能夠不斷運作的機械），永遠不會累。

第三章　我如何賺到第一個 1,000 萬元

　　10 年後，這個 1,000 萬元就能複利成長到 2,000 萬元。再 10 年後，則會複利成長到 4,000 萬元，這就是擁有 1,000 萬元的威力。有鑑於此，在職業生涯早期，我就立下了要在三十多歲時存到 1,000 萬元的目標。這個「三十多歲」，最好是在 30 歲就存到，越早越好。

　　因為我設立的目標很高，有了目標會讓我更有動力完成，不會坐以待斃，等著錢從天上掉下來。這也是為何，設立數字對於理財有幫助。我的策略大致可分為 3 個面向：

- 盡可能提升本業收入。
- 降低支出，提升儲蓄率。
- 拉高投資報酬率，同時不承擔歸零、資產減損的風險。

　　首先，我必須認真工作，並升官加薪，到更有發展的崗位。頭幾年因為有刑事警察的加給，我的薪水可以達到 7 萬元至 8 萬元，後來升任直轄市派出所主管，月薪可達 9 萬元。接著，我尋求換工作的機會，提升收入，有更多的獎金、分紅。同時也提升自己的儲蓄率，花越少越好、存越多越好。我給自己的目標是每月存 5 萬元以上，若月薪達 9 萬元時，我更要求自己要存 6 萬元，甚至 7 萬元，年終獎金要存 90％ 以上。這樣，我每年可以存下至少 60 萬元至 70 萬元。

　　但光是死存錢是不夠的，定存的利息不到 1％，太慢，永遠不可能翻身。也因此，我積極學習投資理財，但也不能過度投機，平

財富自由的階梯

均而言，我每年的目標報酬率是至少 5%。

30 歲擁有 1,000 萬元，是遠大的財務目標，而我也沒有在剛滿 30 歲時就達成，雖然當時有點氣餒，但並不意外。因為依照財務計算機的計算，就算我每年都存下 60 萬元，到 30 歲前這 8 年的時間，若是從零開始，每年的投資報酬率需要達到 20%。即使我 23 歲畢業時已存了 20 萬元，投資報酬率也得達到 18%，才有可能在 8 年後存到 1,000 萬元。

但即使尚未達成，也會更接近目標，有句話說：「瞄準月亮，即便沒達到目標，也將置身於繁星之中。」事實上，我在 32 歲時確實達到了目標。

因為多了兩年，在同樣條件下（初始資金 20 萬元、每年再投入 60 萬元、目標 1,000 萬元），每年的投資報酬率只要 9.8%，即可達成。在後面的章節，我也會分享如何達到這樣的報酬率。

走在投資理財這條路上，我想和大家分享：「金錢是一種有用的東西，也是個好士兵。它能使我們勇氣百倍、信心十足，成為我們最好的後盾，也讓我們重新擁有自由。」

我覺得只要肯努力、肯付出，一切皆有可能。

第三章　我如何賺到第一個 1,000 萬元

02
複利、長尾、自動化

　　1986 年 1 月 28 日，美國太空總署（NASA）挑戰者號太空梭發射 73 秒後，在世界各地數十億人的注視下突然起火、爆炸，7 名機組人員全數罹難，成為有史以來最嚴重的太空災難。

　　經調查發現，該事故起因於密封右側固體推進器的 O 形環失效，才造成事故。由於發射前一晚氣溫只有 -8℃，橡膠彈力受氣溫影響，O 形環密封效果大打折扣（按：資料來源為美國物理學會網站）。因此，這是一起因忽視細節導致的嚴重事故。

　　而紀錄片《地球未知檔案：宇宙時光機》（*Unknown: Cosmic Time Machine*）中，描述了詹姆斯・韋伯太空望遠鏡（James Webb Space Telescope，簡稱 JWST）的故事，整部電影花了許多篇幅記錄順利完成前的過程，其中最重要的，是減少造成嚴重錯誤的單點故障（single point of failure，縮寫為 SPOF）。

　　單點故障是指在系統中，只要失效就會讓整個系統無法運作的部件，換句話說，單點故障會引起整體故障。而在投資理財領域中，也有類似的概念。我很喜歡阿爾發投顧董事長陳志彥講過的一

財富自由的階梯

句話:「避開錯誤,就能邁向成功。」因為理財追求的是一個好的結果,但在這過程中有許多細節環環相扣,為避免犯錯,以下是我整理的檢查清單,作為時時刻刻的提醒。

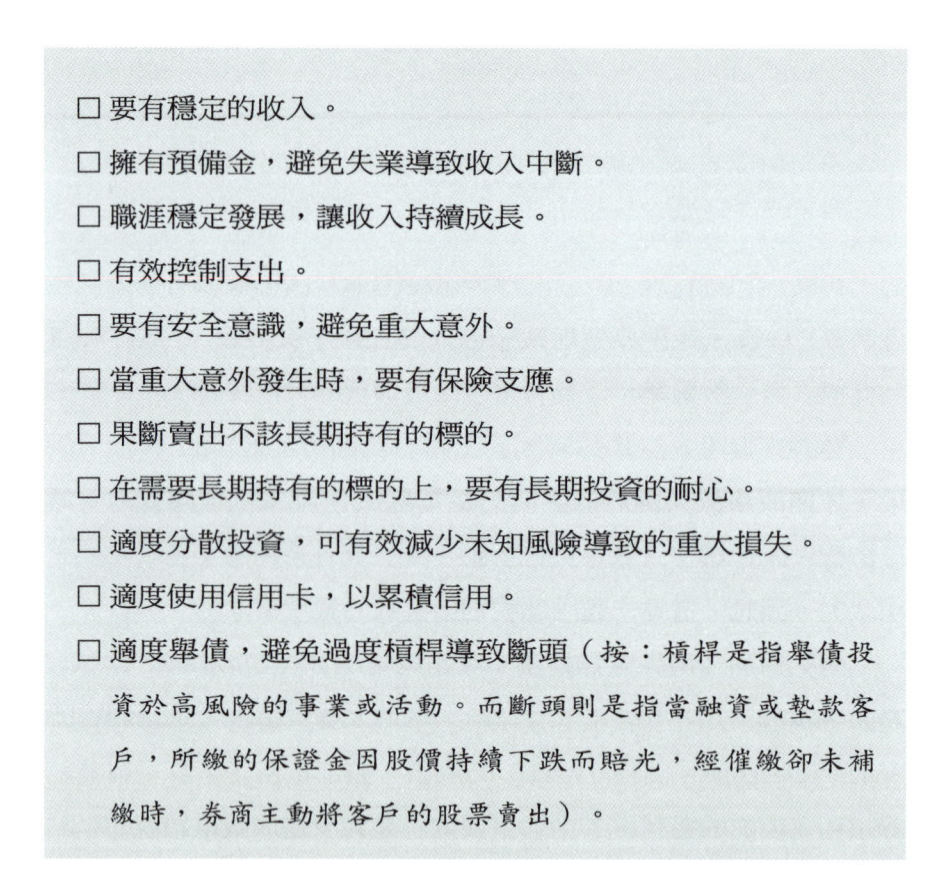

- ☐ 要有穩定的收入。
- ☐ 擁有預備金,避免失業導致收入中斷。
- ☐ 職涯穩定發展,讓收入持續成長。
- ☐ 有效控制支出。
- ☐ 要有安全意識,避免重大意外。
- ☐ 當重大意外發生時,要有保險支應。
- ☐ 果斷賣出不該長期持有的標的。
- ☐ 在需要長期持有的標的上,要有長期投資的耐心。
- ☐ 適度分散投資,可有效減少未知風險導致的重大損失。
- ☐ 適度使用信用卡,以累積信用。
- ☐ 適度舉債,避免過度槓桿導致斷頭(按:槓桿是指舉債投資於高風險的事業或活動。而斷頭則是指當融資或墊款客戶,所繳的保證金因股價持續下跌而賠光,經催繳卻未補繳時,券商主動將客戶的股票賣出)。

高效能投資者的祕密武器

《原子習慣》(*Atomic Habits*)中寫道:「我們最早的習慣並

第三章　我如何賺到第一個 1,000 萬元

非來自選擇，而是模仿。家人與朋友、學校、社群與整個社會把劇本傳給我們，而我們照著演出。」**環境，會塑造我們的習慣。**

《致富心態》作者摩根・豪瑟（Morgan Housel）也在給兒子的財務建議中，談及我們在物質與心理層面常忽略的一些重要觀念。

他說：「你可能會想要一輛昂貴的汽車、一只精美的手錶和一棟大房子。但是我告訴你，這並不是你想要的，你想要的是別人的尊重和欽佩。

「你認為擁有昂貴的東西能為你帶來價值或認同，但在那些重視你的人眼中，它們毫無意義。當你看別人開好車時，你不會想到：『哇！那個人很酷。』相反，你會想著：『哇！如果我有那輛車，別人會認為我很酷。』

「你能察覺到兩者的不同嗎？實際上，沒人在乎坐在車上的人。你可以追求這些事物，但是要知道，人們真正應該追尋的是尊重，謙卑帶來的好處最終會多於虛榮。」

我們的成長經歷塑造了我們的價值觀，也影響對金錢的看法。因此，每個人的理財觀念都不盡相同。如果你想開始理財，除了自己主動學習與操作，也別忘了營造合適的環境，讓它成為你前進的助力，而不是阻力。

為了讓理財更有效率，我總結了自己過去 10 年來的 **3 個理財重點：複利、長尾（The Long Tail）、自動化**。若能做到這 3 個必要條件，你也能成為高效能投資者。

財富自由的階梯

03

複利，讓錢自己流進來

複利，意思是利滾利，也就是把本金和利息一起投入，所獲得的總報酬。這是一件先無聊、痛苦，後輕鬆、爽快的事。

常與複利一起提到的是單利（simple interest），單利和複利最大的差別在於本金，也就是計算利息的基礎。單利的本金計算基礎不會變，但是複利的本金計算基礎會一直成長。

右頁圖表 3-1 中，顯示出單利與複利的差別，底層的本金維持不變，第二層單利的增長速度固定，第三層則是複利帶來的效果，差別在於複利後期的增長速度非常驚人，兩者的差距會隨著時間的過去逐漸放大。

$$PV \times (1+r)^n = FV \rightarrow 本金 \times (1+利率)^{期數} = 終值$$

這個數學公式透露出，這是一種透過時間累積財富的效應，其

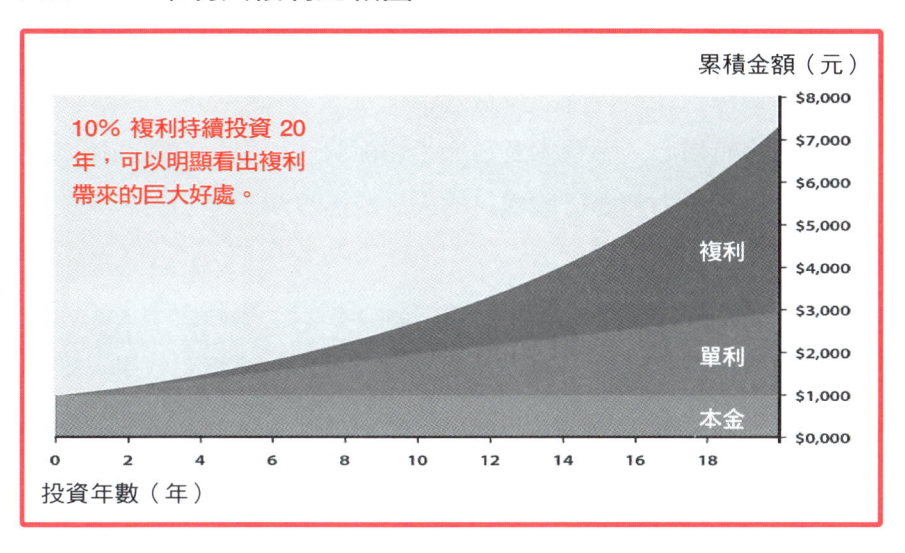

第三章　我如何賺到第一個 1,000 萬元

圖表 3-1　單利與複利比較圖

10% 複利持續投資 20 年，可以明顯看出複利帶來的巨大好處。

中有 3 個關鍵因素會影響最後的結果：本金（PV）、利率（r）、期數（n）。

本金並不是本來的金額，而是計算利息的基準。 巴菲特有句名言：「人生就像滾雪球，你只要找到溼的雪，和很長的坡道，雪球就會越滾越大。」這一句話完美闡釋了複利的本質。

投資就像鑿隧道，熬過黑暗，才見光明

《用心於不交易》作者林茂昌曾於書中提到了「穿隧效應」（Tunneling Effect），這是指開鑿隧道的情況：一開始進度非常緩慢，到後來還會因為挖越深、周遭越黑暗而產生心理障礙，以至於

財富自由的階梯

心志不堅定的人半途而廢。只有那些心志堅定、持之以恆的人，才能把隧道打通，迎接光明歲月。

這就像複利投資一樣。投資人往往會因為起初效果不明顯，感到越來越沒有信心，導致大多數人半途而廢，但也只有那些持之以恆、願意付出心力熬過這段歲月的人，終能享受到光明的未來與甜美的果實。

在本金小的情況下，即使投資報酬率亮眼，獲利總額仍不大。在這種效果很差的時期，投資人會覺得自己做的事沒有效果，進而放棄並採取高報酬、高風險的投資策略。

根據我的經驗，剛開始投資的前幾年進度緩慢很正常。在累積資產的過程中，依據每個人勞動資產轉換程度的差異，會有不同的金錢資產累積速度。舉例來說，剛工作時，雖然身無分文，卻有未來好幾十年的時間。我們的專業以及勞動力在這時的發展潛力也最好，這時候是「有力、有時間、沒有錢」。

隨著工作幾年後，付出的勞力與時間會逐漸透過薪水轉換成金錢，當薪水越高、經過的時間越久，轉換的成果就會越來越多。把累積的金錢資產拿去進修、培養技能是投資自己的勞動力，把金錢資產投入股債、定存等也是投資。

就像挖礦，一開始只有自己在徒手挖礦，又累又辛苦，且還挖不多，但撐過這段黑暗時期，把挖到的礦石拿去買新的工具，讓自己挖得更有效率，或是學習如何判斷點位，提高開採成功率，都是投資自己生產力的方式。

當礦石越挖越多，這些礦石放在手上不會平白無故變多，甚至

還要付錢租倉庫放，非常沒效率。這時，聰明的礦工會拿出一部分資產僱用別的礦工，或是購買自動化挖礦設備，幫自己挖出更多的礦石。

挖礦、投資都是一門專業，隨著科技進步，要懂得使用更好的工具，讓生產更有效率，例如 ETF 就是一個可以有效提升資產生產率的工具。

從 1 人挖、3 人挖，最後 100 人一起挖；從 1 臺機器到 100 臺機器，人多就是力量大。100 個菁英礦工再加上 100 臺自動開採機器，挖到的絕對比一個人徒手還來得多，這種「礦石再利用」就是複利的過程。

如果因為此刻的付出得不到回報，或是「似乎」看不到成長就放棄，實在是非常可惜。付出其實都是為了扎根，成就人生需要儲備能量、醞釀成果，只要你熬過那令人絕望的黑暗。

財富自由的階梯

04
長尾驅動一切

　　長尾效應,指原本不受重視、銷量低但種類繁多的小眾商品,最後累積總收益超過主流產品的現象(見圖表 3-2)。最初由《連線》(Wired)總編輯克里斯・安德森(Chris Anderson),在 2004 年發表於自家雜誌中,用來描述諸如亞馬遜(Amazon)、網飛

圖表 3-2　長尾效應模組

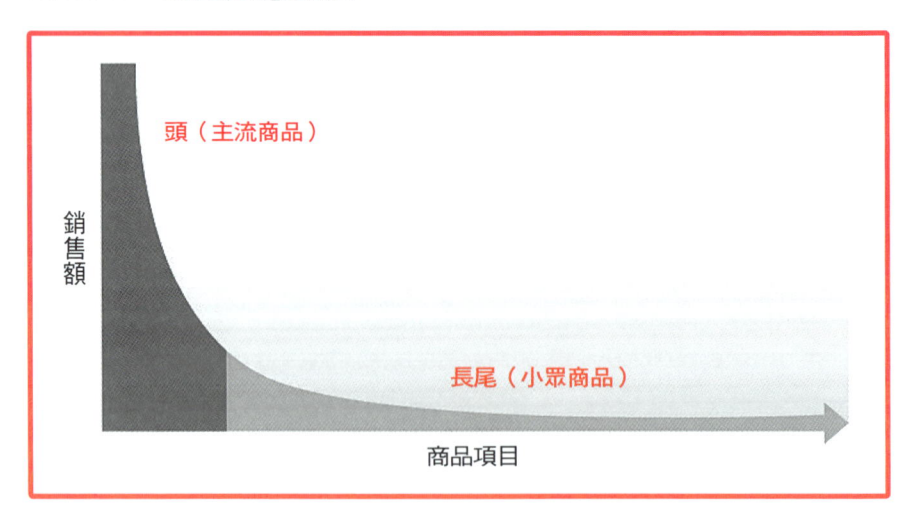

（Netflix）等網站的商業和經濟模式。

而在投資領域中，長尾效應指的是少數幾檔股票，替我們帶來絕大多數收益的現象。在股票市場中，只有被列為長尾的股票能幫我們賺錢，其他的股票都沒能帶來收益。要獲得最多收益，就要擁有這些股票。

摩根大通（JPMorgan Chase，按：美國最大金融服務機構）在 2014 年報告中，分析了從 1980 年到 2014 年股票的表現（見下頁圖表 3-3），得出 3 項結論：

• 大多數股票的表現不如市場平均

中位數股票落後市場平均，整體回報是 -54%，所以大多數集中選股的投資者不如投資市場。

• 指數平均贏過多數股票

有 2/3 的股票落後羅素 3000 指數（RUA，按：美國 3,000 家最大市值的公司股票，這些股票合計約占美國所有公司股票的 98%），且 40% 的股票在 30 年內報酬率是負的。

• 少部分股票帶來多數報酬

市場中大部分的報酬只由一小部分股票驅動，其占比約 7%，且還是超出兩個標準差以外。

研究人員還另外將 1995 年到 2000 年間科技、生技公司去除，以避免後來崩盤的影響，不過測試出來的結果仍類似。

另一篇研究報告也呈現類似的結果。根據 2018 年，亨德里

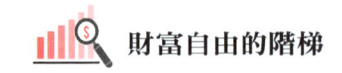

圖表3-3　個別股票相對於羅素 3000 指數的超額回報分布圖（1980 年至 2014 年）

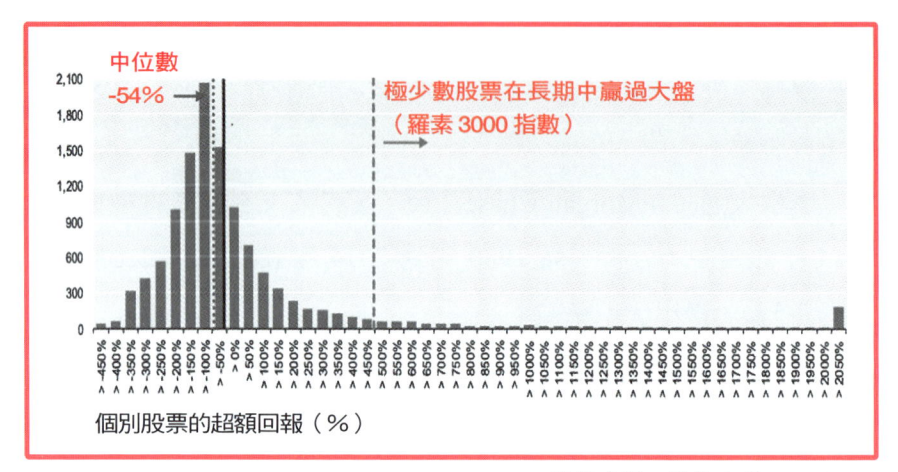

中位數 -54%

極少數股票在長期中贏過大盤（羅素 3000 指數）

個別股票的超額回報（％）

資料來源：摩根大通、FactSet。

克‧貝森賓德（Hendrik Bessembinder）教授在《金融經濟學期刊》（*Journal of Financial Economics*）發表的文章〈股票是否優於國庫證券？〉顯示，個別股票的報酬具有強烈的正偏態分布（positive skewness）的表現，意思是**大多數股票的報酬都集中在低報酬區間**。而根據比較，**存單一股票的時間越長，就有越多股票讓人賠錢**（見右頁及第 64 頁圖表 3-4～3-7）。

要掌握長尾效應，共有兩種方法，一是透過精準眼光挑選這些少數賺錢的公司，另一個就是透過 ETF 持有。

從報告中可以看出，選擇投資個股時，必須選到少數贏家，才能獲得跟市場一樣的報酬率；反之，如果錯過這些飆股，遺漏所帶來的潛藏損失，將遠比手續費、交易費來得高。

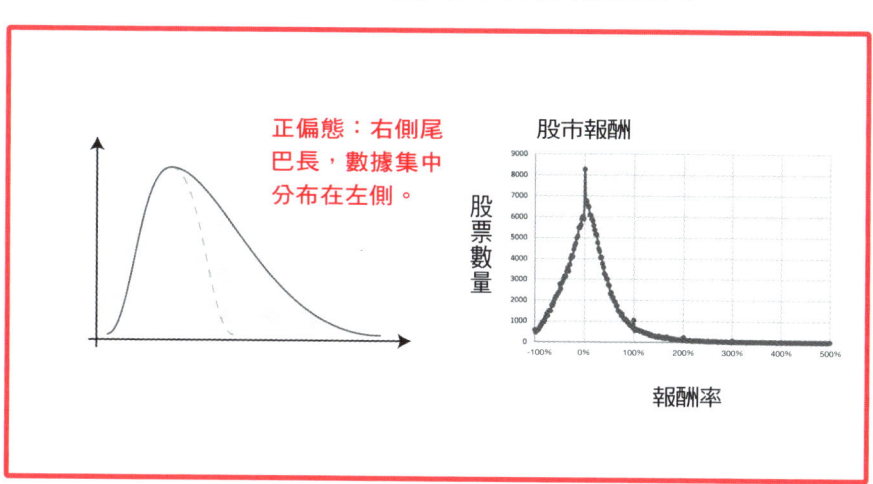

第三章　我如何賺到第一個 1,000 萬元

圖表 3-4　大多數股票的報酬都集中在低報酬區間

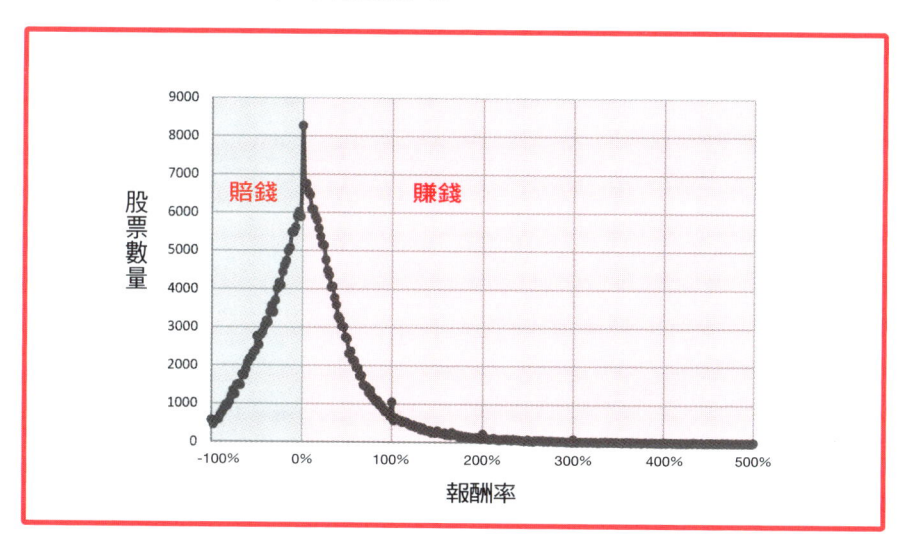

正偏態：右側尾巴長，數據集中分布在左側。

股市報酬

圖表 3-5　存股 1 年的報酬分布

賠錢　賺錢

財富自由的階梯

圖表 3-6　存股 10 年的報酬分布

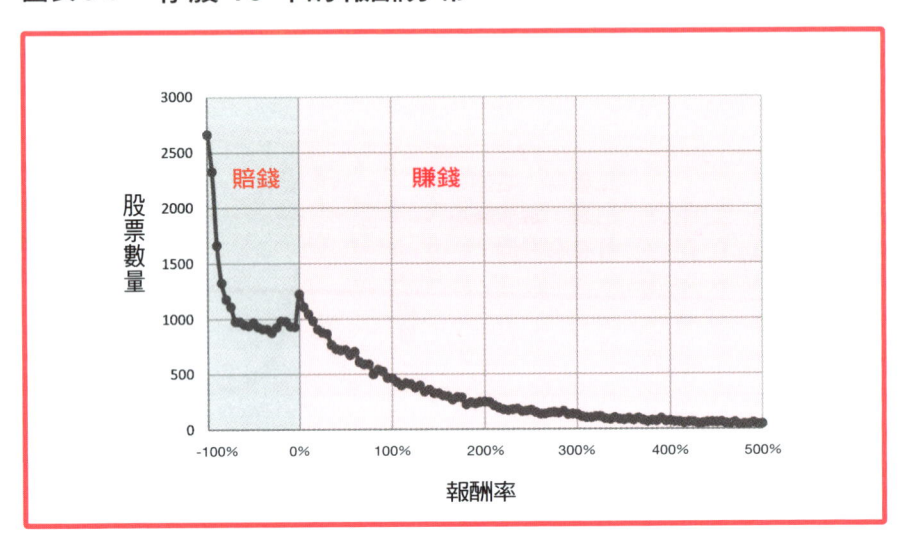

（圖：X 軸為報酬率 -100% 至 500%，Y 軸為股票數量 0 至 3000；左側標示「賠錢」區，右側標示「賺錢」區）

圖表 3-7　存股一輩子的報酬分布

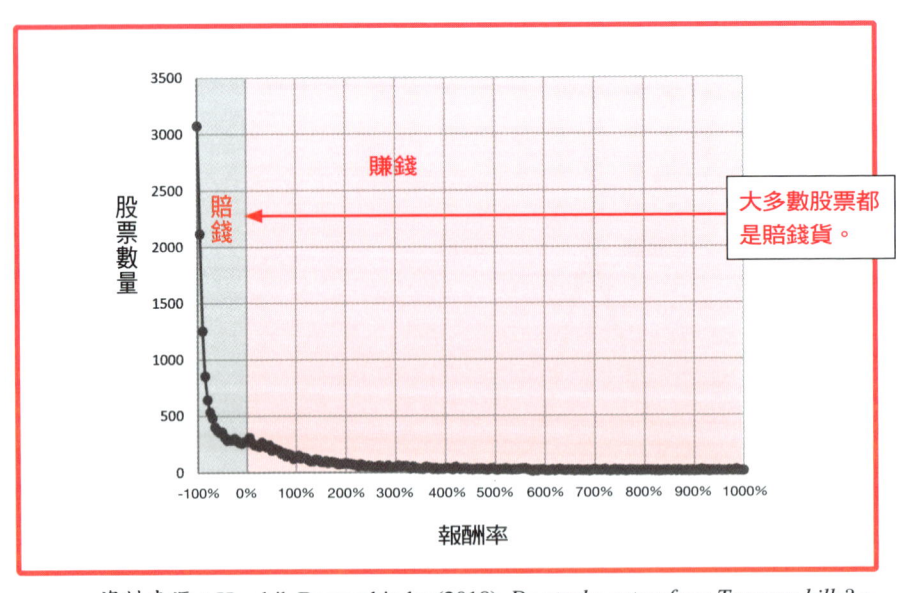

（圖：X 軸為報酬率 -100% 至 1000%，Y 軸為股票數量 0 至 3500；左側標示「賠錢」區，右側標示「賺錢」區；註記「大多數股票都是賠錢貨。」）

資料來源：Hendrik Bessembinder (2018), *Do stocks outperform Treasury bills?*。

05
理財自動化，花錢無負擔

我認為，理財步驟一定要能夠輕鬆執行，因為輕鬆才容易持續，持續才容易成功。為什麼要自動化？因為這能幫助我們在偷懶時變得勤勞，在不方便理財時可以理財。

成功者與失敗者有著相同的目標，但為何結果有所不同？其實，贏家與輸家的差別不在於目標，而是達到目標的方法與過程。

在《原子習慣》中有句話我很喜歡：「造就成功的，不是千載難逢的轉變，而是日常習慣。」設立理財目標時，我們常常說要賺錢、財富自由、增加被動收入，雖然一開始目標明確，但為何最後往往會失敗？原因並不在於目標設定失敗，而是在於錯誤的運行系統。所謂的系統，其實就是我們的「習慣」。

習慣，是無意識中就會做的事，而我們現在擁有的財產，其實是財務習慣的滯後指標，是過去的消費、投資決策帶來的結果。不論現在你有多成功，能決定你是否持續通往成功道路的，是當前擁有的習慣。理財失敗或是進度緩慢，大都因為沒有一個能夠持續的理財系統。

財富自由的階梯

投資決策依靠直覺可行嗎？

《快思慢想》（Thinking, Fast and Slow）中提到大腦的運作方式可分成兩種，而我把它加上比喻，分別稱之為系統一的魚，代表著反射性的直覺式思考，以及系統二的貓頭鷹，代表按部就班分析的理性思考。

平常，我們對事物的印象，大都是大腦處於省電模式下，自動由系統運作的結果。透過長久練習，會逐漸把經驗法則轉化為直覺反應，這有助於提升我們對於某項技能的熟練度。

但這種直覺反應偶爾會帶來偏見，比如面對通貨膨脹飆升時，我們會直覺認為這對股市是一種傷害，進而決定賣出。但如果我們細看1928年到2020年間的數據可以發現，通貨膨脹率與股市兩者間並沒有一個明確的模式（見右頁圖表3-8）。

從數據上來看，通貨膨脹率較高的年度（例如1980年）未必會對股市帶來壞影響，甚至大多時候股市是上漲的。這麼說並不是否定自動化的系統一（魚）思考模式。自動化能節省腦力，讓我們不用起床後還要思考如何盥洗。但在充滿不確定的金融市場，直覺反應或是專家的意見可能比一般人好不了多少。

只有遇到困難或驚訝時，原本在節能模式的系統二（貓頭鷹）會被啟動，我們會開始思考，刻意運用注意力。當我們了解這樣的差異後，就可以開始思考自己需要那些習慣，並培養系統二的習慣，最終使其自動化。

例如，如果你發現，自己常常在收到帳單時，才驚覺上個月卡

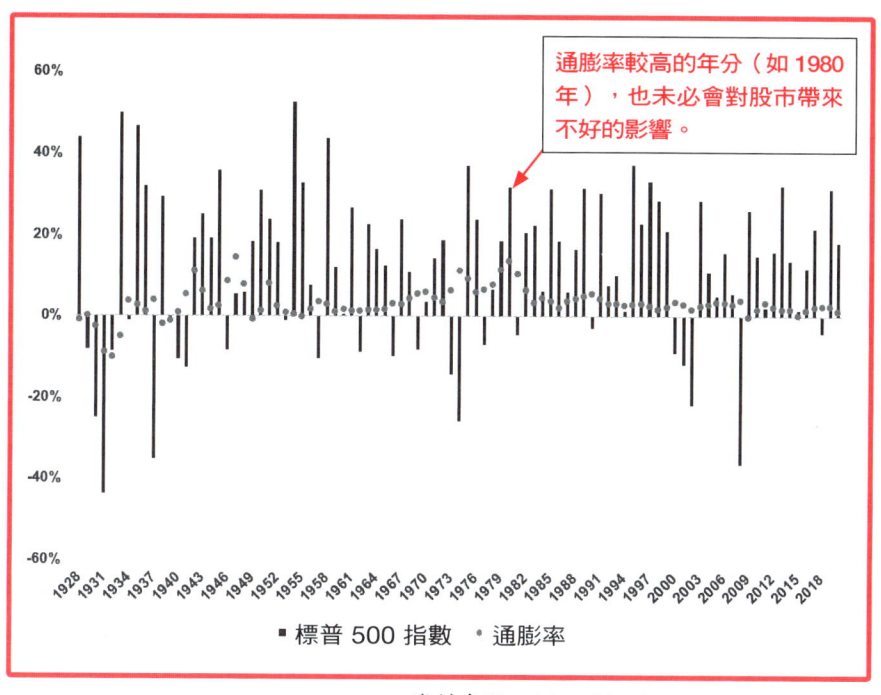

第三章　我如何賺到第一個 1,000 萬元

圖表 3-8　股市與通膨率的比較（1928 年到 2020 年）

通膨率較高的年分（如 1980 年），也未必會對股市帶來不好的影響。

■ 標普 500 指數　• 通膨率

資料來源：A Wealth of Common Sense 網站。

費過高，那麼就要先召喚理智的貓頭鷹，刻意建立一些習慣，像是減少信用卡數量（剪卡）、增加刷卡限額（設定不能刷超過某個金額）、停止自動繳費等。經過一段時間後，你自然就會習慣不使用信用卡。

或是如果你想建立存錢習慣，那就找一個容器放桌上，最好是一回到家就要放鑰匙的桌子，只要口袋裡有零錢，就往容器投；也可以設定一個專門用來存錢的帳戶，並設定自動轉帳，這樣每個月發薪水時，就能自動把錢存起來（見下頁圖表 3-9）。

067

財富自由的階梯

圖表 3-9　大腦的運作方式系統一與系統二比較表

系統一（魚）	系統二（貓頭鷹）
反射性的直覺思考	按部就班分析的理性思考
自動化、毫不費力	刻意運用注意力、費力
容易過度消費	停止信用卡費自動扣繳功能，讓繳費變得麻煩
懶得存錢	設立一個專門存錢帳戶，多餘的獎金存到這裡
覺得投資困難而不開始	設定最低的投資金額，帳戶餘額大於 3,000 元就自動買進 ETF
始終沒讓錢滾錢，沒有被動收入	買入能增加收入的 ETF，買越多賺越多

第四章

90％的績效差異，是配置

財富自由的階梯

01

先評估自身的風險承受能力

　　資產配置是指投資人考量自身條件後，將資金分散、配置於不同類別資產的策略，常見的資產類型有股票、債券、現金等。

　　學術界普遍認為，就長期而言，資產配置決策對投資組合績效的影響，遠大於個別證券選擇，或市場時機的把握。換句話說，**選擇「何種資產比例」在總體報酬上扮演了決定性的角色。**

　　根據相關研究顯示，資產配置仍是影響績效的主要因素，大約有 90％ 的績效差異，來自於不同資產類別間的配置比例，而非個別投資選股或市場時機。

　　按照資產配置所布局的各項資產類型比例，會隨著市場變動、時間經過而有所改變，這時就需要透過不同策略，進行資產配置再平衡，常見的調整策略有戰略性資產配置（Strategic Asset Allocation）及戰術性資產配置（Tactical Asset Allocation），優缺點如右頁圖表 4-1。

圖表 4-1　戰略性資產配置和戰術性資產配置優缺點比較表

	戰略性資產配置	戰術性資產配置
執行方向	維持固定的資產配置比例	以原資產配置比例為主，但會因應市場或特定事件進行短暫調整
優點	簡單、好操作	具靈活性
缺點	無法即時應對市場變化	手續費增加、投資人須具備分析能力

什麼是戰略性資產配置？

戰略性資產配置是一種長期而被動的策略，一般來說，投資人會根據自己的風險承受能力、投資期限和財務目標，決定如何將投資組合劃分為不同的資產類別。

首先，要為每個資產類別設定目標比例。由於各資產表現不同，隨著時間推移，資金配置往往會偏離原始目標，因此我們需要定期重新平衡投資組合，比如每年或每半年調整一次，使其回到原始目標比例。

從長遠來看，戰略性資產配置的目的，是透過多元化的投資組合來平衡風險和回報，以實現財務目標。

舉例來說，假設我有資金 100 萬元，按照下頁圖表 4-2 的目標配置比例、年度報酬率投資 1 年，1 年後，我的資金總額將會成長到 107 萬 5,250 元。若換算回去，1 年後我的資金配置會變成股票

財富自由的階梯

圖表 4-2　資金 100 萬元，以不同比例配置投資 1 年後的結果

資產類型	目標配置比例	目標配置金額（元）	年度報酬率	1 年後的金額（元）	1 年後的比例
股票	50%	500,000	12%	560,000	52.1%
債券	30%	300,000	2.5%	307,500	28.6%
黃金	15%	150,000	5%	157,500	14.6%
現金	5%	50,000	0.5%	50,250	4.7%
總額	100%	1,000,000		1,075,250	100%

占 52.1%、債券占 28.6%、黃金占 14.6%、現金占 4.7%，而這些比重已偏離我的原始目標比例。

因此，在戰略性資產配置策略（維持固定的資產配置比例）下，我會將各類投資重新調整回原來的目標。比如，為了確保股票占最新投資組合（107 萬 5,250 元）的 50%，就要出售 22,375 元（560,000－1,075,250×50%＝22,375）的股票，並利用這些收入購買債券、黃金，調整其他 3 項資產的比例（見右頁圖表 4-3）。

重新平衡後，我的投資組合恢復為 50% 股票、30% 債券、15% 黃金和 5% 現金。由於不需要頻繁改變投資組合以應對短期市場波動，這樣的資產配置被認為是一種戰略性、被動的資產配置策略，也是我自己以及我的客戶最常採用的投資方式。

第四章　90％的績效差異，是配置

圖表 4-3　根據現在的總資產，重新調整成原始比例

資產類型	1年後的金額（元）	1年後的比例	目標配置比例	實際上應照目標比例應配置金額（元）	調整（元）
股票	560,000	52.1%	50%	537,625	賣出 22,375
債券	307,500	28.6%	30%	322,575	買進 15,075
黃金	157,500	14.6%	15%	161,387	買進 3,887
現金	50,250	4.7%	5%	53,763	增加 3,513
總額	1,075,250	100%	100%	1,075,250	

什麼是戰術性資產配置？

相較於戰略性資產配置，**戰術性資產配置是一種主動的投資策略**，涉及更頻繁的交易和對市場短期變化的觀點。

戰術投資者會根據最新的市場狀況，修改其投資組合的配置，目標是最大化短期利潤和投資組合回報。由於最新的市場狀況可能經常改變，透過積極改變投資比例，試圖掌握當前或預期的市場趨勢、經濟變化，或是市場中的錯誤定價機會，以尋求短期的超額報酬。

接續前面提到的例子。假設我是一名戰術投資者，在投資 1 年

073

財富自由的階梯

後,我預期經濟衰退將會隨著通膨壓力加大,快速的發生。這時,我就會調整原先設定的目標配置比例。

比如從投資股票,轉向風險較低且可對沖通膨的資產,像是債券、黃金和現金。將股票的比例從先前的 50% 減少至 20%;債券比例從 30% 提高到 40%;黃金比例從 15% 調整為 30%;現金則提升至 10%(見圖表 4-4)。

如果我對市場的看法有所改變,可能會再次調整目標配置、投資組合。這樣的配置方式更動較為頻繁,通常被稱為戰術性、主動的資產配置策略。在這樣的框架下,不同人對於資產類型、市場、比例都會有不同觀點,因此每個人都會基於自己的看法選擇資產配置,這也是投資市場的多樣性所在。

圖表 4-4 綜合判斷市場後,調整資產配置

資產類型	1 年後的金額(元)	1 年後的比例	根據判斷,調整後的目標配置比例	依照新比例,應配置的金額(元)	調整(元)
股票	560,000	52.1%	20%	215,050	賣出 344,950
債券	307,500	28.6%	40%	430,100	買進 122,600
黃金	157,500	14.6%	30%	322,575	買進 165,075
現金	50,250	4.7%	10%	107,525	增加 57,275
總額	1,075,250	100%	100%	1,075,250	

第四章　90％的績效差異，是配置

PG 入門筆記

前面有提過，影響報酬的關鍵不是標的，而是配置。所以想要對抗通膨，或減少股票大跌時所造成的損失，可依照自己的年紀或個性，選擇加入部分的債券ETF，例如：

- **股票百分百**：100％股，適合**不知道怎麼做資產配置**的投資人。
- **八股二債**：80％股＋20％債，適合**剛出社會**，職涯還有好幾十年的人。
- **六股四債**：60％股＋40％債，適合**即將步入中年**的青壯年，以及中年人。
- **五股五債**：50％股＋50％債，適合**不知道該怎麼決定比例**，只要簡單就好的人。
- **四股六債**：40％股＋60％債，適合六十幾歲、**即將退休**的投資人。
- **二股八債**：20％股＋80％債，適合**投資風格保守**，希望保持穩定的投資人。

對於一般投資者來說，善用資產配置構建投資組合，即可在管理最大跌幅的基礎上，獲得長期回報。

財富自由的階梯

02

為什麼分散投資能降低風險？

第 1 章談論過去百年金融工具的發展時，有提到現代投資組合理論之父哈利・馬可維茲，他是首位以嚴謹的數學方法（共變異數矩陣、期望值、標準差等），系統性證明「在相同報酬期望下，分散投資能降低風險」的學者。

他提出的原理，揭示了在固定風險水準下如何尋找最適合的資產組合。這個「投資組合變異數」公式如下：

$$Var(R_p) = w_A^2 \cdot Var(R_A) + w_B^2 \cdot Var(R_B) + 2 \times \omega_A \cdot \omega_B \cdot cov(R_A, R_B)$$

其中，$cov(R_A, R_B)$ 是共變異數，代表兩個資產報酬率的互動關係。如果共變異數為負，兩資產的波動會互相抵消，降低整體風險，這就是分散投資的核心機制。

第四章　90% 的績效差異，是配置

📝 PG 入門筆記

■ **共變異數（Covariance）**

在統計學中，共變異數用於衡量隨機變數之間的相關程度；在投資領域裡，則用來衡量兩資產報酬率之間的「連動性」。

若兩資產的報酬率同漲或同跌，共變異數為正（呈正相關）；若一漲一跌，則為負（呈負相關）；若變動方向無明顯關聯，共變異數則接近於 0。

■ **相關係數（Correlation Coefficient）**

在統計學中，相關係數用於度量兩組數據的變量 X 和 Y 之間線性相關的程度，是兩個變量的共變異數與其標準差的乘積之比。也可以用來計算兩資產間的線性關係，相關係數範圍會落在 -1 到 +1 之間，越接近 1，代表線性關係越強，兩者越容易同向變動，亦即同漲或同跌。

相關性不代表因果，相關性僅是根據過去價格計算出報酬，統計而來的數據，資產相關性負相關不代表未來走勢一定相反。

財富自由的階梯

單一資產之間彼此有相關性

表面上看來，不同資產類別（如股票、債券、房地產、黃金等）的走勢好像各自獨立，實則受整體環境、金融市場、投資人心態等因素交互影響，所以資產漲跌之間往往「不是那麼獨立」。

圖表 4-5 是美國大中小型股、國際股票、新興市場、債券、房地產、黃金、大宗商品等資產之間的相關性。表格內數字越接近 1.00，代表兩者相關性越高。不過，相關性也會隨著時間與環境變化。2000 年至 2020 年間，由於通膨較為溫和，股票和債券的相關性趨近於零，代表這兩者在很大程度上獨立變化。

圖表 4-5　各資產之相關性數據

類別	Name	Ticker	IVV	IJH	IJR	EFA	SCZ	EEM	AGG	SHY	IEF	TLT	TIP	LQD	VNQ	GLD	DBC
美國大中小型股	iShares Core S&P 500 ETF	IVV	1.00	0.93	0.88	0.88	0.87	0.76	0.26	-0.09	-0.06	-0.08	0.37	0.46	0.76	0.08	0.49
	iShares Core S&P Mid-Cap ETF	IJH	0.93	1.00	0.96	0.84	0.86	0.75	0.22	-0.15	-0.10	-0.12	0.35	0.43	0.78	0.08	0.52
	iShares Core S&P Small-Cap ETF	IJR	0.88	0.96	1.00	0.79	0.80	0.69	0.19	-0.14	-0.13	-0.14	0.28	0.38	0.76	0.01	0.47
國際股票、新興市場	iShares MSCI EAFE ETF	EFA	0.88	0.84	0.79	1.00	0.97	0.87	0.33	-0.03	-0.01	-0.05	0.40	0.52	0.73	0.16	0.56
	iShares MSCI EAFE Small-Cap ETF	SCZ	0.87	0.86	0.80	0.97	1.00	0.86	0.33	-0.05	-0.02	-0.06	0.43	0.52	0.72	0.17	0.56
	iShares MSCI Emerging Markets ETF	EEM	0.76	0.75	0.69	0.87	0.86	1.00	0.29	-0.05	-0.03	-0.07	0.41	0.48	0.64	0.28	0.58
	iShares Core US Aggregate Bond ETF	AGG	0.26	0.22	0.19	0.33	0.33	0.29	1.00	0.69	0.88	0.83	0.78	0.89	0.43	0.38	-0.08
債券	iShares 1-3 Year Treasury Bond ETF	SHY	-0.09	-0.15	-0.14	-0.03	-0.05	-0.05	0.69	1.00	0.77	0.60	0.47	0.45	0.03	0.32	-0.23
	iShares 7-10 Year Treasury Bond ETF	IEF	-0.06	-0.10	-0.13	-0.01	-0.02	-0.03	0.88	0.77	1.00	0.92	0.68	0.64	0.14	0.36	-0.28
	iShares 20+ Year Treasury Bond ETF	TLT	-0.08	-0.12	-0.14	-0.05	-0.06	-0.07	0.83	0.60	0.92	1.00	0.59	0.61	0.15	0.27	-0.34
	iShares TIPS Bond ETF	TIP	0.37	0.35	0.28	0.40	0.43	0.41	0.78	0.47	0.68	0.59	1.00	0.72	0.47	0.49	0.23
	iShares iBoxx $ Invmt Grade Corp Bd ETF	LQD	0.46	0.43	0.38	0.52	0.52	0.48	0.89	0.45	0.64	0.61	0.72	1.00	0.54	0.31	0.10
房地產	Vanguard Real Estate ETF	VNQ	0.76	0.78	0.76	0.73	0.72	0.64	0.43	0.03	0.14	0.15	0.47	0.54	1.00	0.13	0.34
黃金	SPDR Gold Shares	GLD	0.08	0.08	0.01	0.16	0.17	0.28	0.38	0.32	0.36	0.27	0.49	0.31	0.13	1.00	0.30
大宗商品	Invesco DB Commodity Tracking	DBC	0.49	0.52	0.47	0.56	0.56	0.58	-0.08	-0.23	-0.28	-0.34	0.23	0.10	0.34	0.30	1.00

Asset correlations for time period 01/01/2008 - 12/31/2024 based on monthly returns

資料來源：晨星，數據截至 2023 年 12 月 31 日。

第四章　90％的績效差異，是配置

過去，我也曾以為股債變化就像翹翹板，一個跌、另一個就漲，但實際上並非如此。根據歐洲央行（European Central Bank，簡稱 ECB）與芬蘭瓦薩大學（Vaasan Yliopisto）研究發現，**在高通膨預期期間，股債相關性趨於上升；而在股票波動率上升的背景下，相關性則趨於下降。**

圖表 4-6　通膨與經濟的交互作用對股債配置的關聯性

（圖中註記：在壓力時期（高通膨或利率劇烈變動），股債相關性顯著上升，分散風險效果變差。）

資料來源：晨星，數據截至 2023 年 12 月 31 日。

通膨與利率上升會影響資產的估值，縱觀歷史，過去股債相關性顯著上升的時期，往往與通膨和利率有關。例如，以美國勞工統計局（BLS）每月發布的消費者物價指數（https://reurl.cc/j9exo1）為例，在 1966 年 2 月至 1970 年 1 月由於低失業率和經濟成長，通膨率從 2.6％ 上升到 6.2％，股債券相關性上升至 0.26。

1977 年 2 月至 1980 年 3 月，受到石油價格飆漲、石油禁運衝

079

擊,以及擴張性貨幣政策所驅動,這段期間通膨率由 5.9% 飆升到 14.8%,股債相關性上升到 0.28。2021 年以來,隨著通膨回升,從 2020 年 1.7% 飆升到 2022 年的 6.2%,股債相關性也顯著增加, 2022 年和 2023 年的全年相關性皆達到 0.58。

根據晨星（Morningstar）統計,股票和債券之間的相關性在某些時期（但並非所有時期）都上升。一般來說,在通膨率較高（呈二位數）,且持續時間較長（至少持續 3 年）的時期,相關性增加最多（見第 82 頁圖表 4-8）。

多元配置策略與應對方式

要注意不能只依靠相關性作為決策依據,在不同狀態下,資產間的相關程度都會明顯改變,這也再次凸顯多元配置的優勢。未來該如何應對？我在這邊提供 2 個建議：

- **不要完全放棄債券**：即使在通膨時期,股債同向波動,債券在分散風險、降低波動上仍扮演重要角色。
- **多元化投資降低風險**：除了股票和債券,建議納入其他報酬來源不同、相關性較低的資產,例如大宗商品、黃金和房地產。多元化投資有助於降低整體風險,特別是在高通膨時期。

根據投資組合理論,資產間的相關性越低（尤其是趨近於 0 或

第四章　90% 的績效差異，是配置

為負），分散風險、降低波動的效果就越顯著。在配置資產時，除了追求高報酬，也可納入報酬率類似，但相關性較低的資產，有助降低組合波動，提高夏普比率（Sharpe ratio，按：代表投資者額外承受的每一單位風險所獲得的額外收益，比率越高，則越值得投資），或其他風險調整後指標。

以圖表 4-7 為例，2008 年至 2024 年間，美股年化報酬率約 9% 到 10%，房地產或黃金的年化報酬率也不錯（6.53%、6.54%），且與股市相關性低（尤其是黃金，相關性趨近於 0），適度納入這類資產，可以達到意想不到的效果。

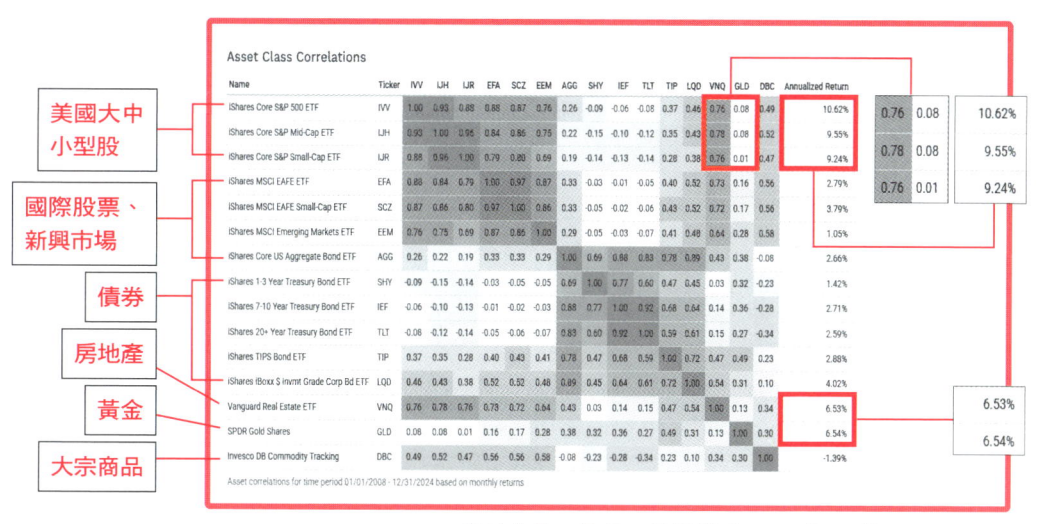

圖表 4-7　資產類別之間的相關性

資料來源：晨星，數據截至 2023 年 12 月 31 日。

圖表 4-8　在通膨率較高，且持續時間較長的時期，股債相關性增加最多

時間區間		1941 年 4 月至 1942 年 5 月	1946 年 3 月至 1947 年 3 月	1950 年 8 月至 1951 年 2 月
持續時長（月）		13	24	7
累積通膨率（％）		14.79	20.99	6.64
相關係數（與股票的關係）	債券	0.18	-0.06	0.02
	60／40 股債比	1.00	1.00	1.00
	多元化投資組合	n/a	n/a	n/a
總年化報酬率（％）	股票	-8.88	-7.50	28.93
	債券	1.53	0.61	0.45
	60／40 股債比	-4.69	-4.25	17.63
	多元化投資組合	n/a	n/a	n/a
標準差	股票	16.55	15.41	7.86
	債券	1.31	0.76	0.38
	60／40 股債比	9.79	9.24	4.87
	多元化投資組合	n/a	n/a	n/a
夏普比率	股票	-0.49	-0.46	5.50
	債券	1.03	0.29	-1.65
	60／40 股債比	-0.46	-0.47	5.52
	多元化投資組合	n/a	n/a	n/a

註：多元化投資組合由美國大型股、非美股、核心公債各占 20%，中期美債、高收益債各占 10%；小型股、大宗商品、黃金和房地產投資信託基金各占 5%。投資組合均假設每年進行重新平衡。超過 1 年的期間的回報為年化報酬率。

第四章　90％的績效差異，是配置

1966年2月至1970年1月	1972年7月至1974年12月	1977年2月至1980年3月	1987年2月至1990年11月	2009年9月至2008年7月	2021年6月至2023年2月
47	30	35	33	12	17
18.87	24.46	36.92	20.32	5.79	11.76
0.26	-0.08	0.28	0.17	-0.72	0.57
0.98	0.98	0.97	0.99	0.96	0.99
n/a	n/a	0.81	0.89	0.92	0.95
1.04	-13.24	5.40	7.99	-12.41	-2.96
2.42	5.33	1.33	7.55	8.25	-11.07
1.84	-5.38	3.85	7.94	-4.32	-5.46
n/a	n/a	10.56	6.75	0.32	-4.41
13.11	18.34	14.37	18.50	14.05	18.86
4.16	4.57	5.67	4.87	6.58	6.37
8.39	9.98	9.55	12.20	6.67	12.85
n/a	n/a	9.49	8.73	7.95	11.61
-0.28	-1.06	-0.14	0.12	-1.14	-0.07
-0.72	-0.38	-1.16	0.03	0.97	-1.34
-0.39	-1.19	-0.42	0.10	-1.09	-0.30
n/a	n/a	0.23	-0.04	-0.25	-0.29

資料來源：晨星，數據截至2024年12月31日。

083

財富自由的階梯

03 以長護短的核心與衛星策略

本章第1節我們討論了戰略性與戰術性資產配置。在認識兩者的差別後，下一個問題是該如何搭配、運用？

要將兩者結合並建立投資組合，可以運用兩種投資策略：核心策略、衛星策略（見右頁圖表 4-9）。核心策略往往代表被動管理的戰略性資產配置。比如，透過追蹤大盤的指數基金或 ETF，進行全球投資（以風險低、保守穩定資產類型為主）。持有核心的另一種方式是經典的 60／40 股債比投資組合。

而衛星投資則可以用於補充核心持股，將風險暴露更集中或更窄的區塊，加強對某區塊的投資，例如在單一國家、特定行業或主題（像是永續發展或全球科技類股）。

核心策略採用的戰略性配置方法，讓我們能以低成本獲得長期而穩定的回報，而衛星控股則讓我們得以靈活的透過戰術性短期機會補充投資組合，讓投資更符合我們的觀點，以提高回報。

核心衛星概念是管理整個投資組合，以獲得長期成果的審慎方式，它受到機構投資者以及個人長期投資者的青睞。

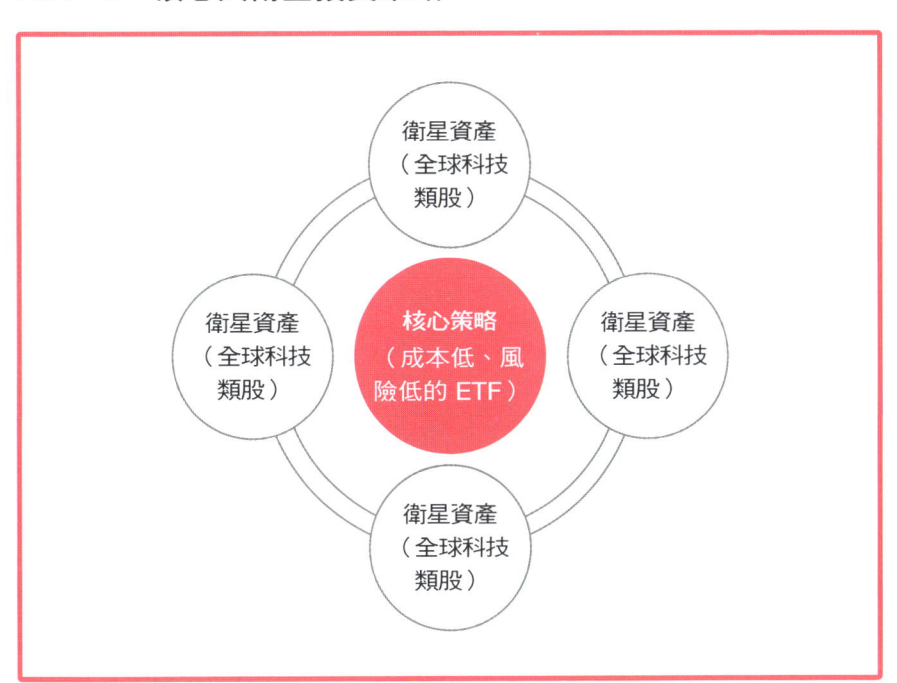

圖表 4-9　核心與衛星投資策略

衛星資產（全球科技類股）

衛星資產（全球科技類股）

核心策略（成本低、風險低的 ETF）

衛星資產（全球科技類股）

衛星資產（全球科技類股）

財富自由的階梯

04

再平衡，
讓你的投資維持在正軌上

再平衡是一個紀律的執行策略，讓投資人能保持在正確的投資軌道上。當投資組合內的資產價值上下波動，偏離原先配置的投資比例時，就要進行再平衡。

再平衡的執行方式有兩種：一是現金流再平衡，也就是投資人使用獲取到的現金股息與自有存款，直接加碼投入以達到再平衡。二是賣出／買入再平衡，這指的是賣出漲多的資產，同時利用資金在途款（按：賣出後尚未匯進帳戶，仍在途中之款項，可算在當日購買力中，用來投資）買進跌比較多的資產。這也是在本章第 1 節提到資產配置時，所做的調整。

至於執行的時機，則可分成在資產比例偏移時執行再平衡（Threshold based），以及以固定週期進行再平衡（Time based）。若以資產比例偏移為判斷標準，通常會建議當某部分資產偏離度超過 5% 時，就可以評估是否執行。

不過我認為，最簡單的方法，就是**以固定的週期執行**，可以是每季一次、每半年一次，或是一年一次。若是一年一次，可以選擇

第四章　90％的績效差異，是配置

圖表 4-10　每年只需要進行一次再平衡就足夠了

	資產偏離度	平均股票比重	資產周轉率	交易次數	年化報酬率	年化風險（波動率）
每月再平衡	0%	50.1%	2.6%	1,068	8.0%	10.1%
	1%	50.1%	2.3%	423	8.0%	10.1%
	5%	51.2%	1.6%	64	8.1%	10.1%
	10%	52.2%	1.3%	24	8.3%	10.2%
每季再平衡	1%	50.2%	2.1%	227	8.2%	10.1%
	5%	50.9%	1.5%	50	8.3%	10.2%
	10%	51.0%	1.2%	22	8.3%	10.1%
每年再平衡	1%	50.6%	1.7%	79	8.1%	9.9%
	5%	51.2%	1.6%	36	8.2%	**9.8%**
	10%	52.4%	1.5%	19	8.3%	10.0%
不進行再平衡		80.6%	0.0%	0	8.9%	13.2%

資料來源：Vanguard Research, Factset。

087

財富自由的階梯

在年末，順便檢視這一年的投資策略、資產漲跌。因為每次的買賣都會產生手續費，所以建議**不需要太過頻繁的執行**。

先鋒集團也曾做過實驗，假設所有的債券利息及股票股息都有進行再投資，並計算從 1926 年到 2014 年間投資組合的變化。可以從上頁圖表 4-10 中看出，**每年檢視一次，且資產偏離度達 5% 才進行再平衡，這樣年化風險（波動率）最低（9.8%）。**

他們相信，每年只需要檢視一次投資組合，並且在資產偏離度達到 5% 至 10% 時，再執行再平衡，就可以維持與最初投資組合相當的風險。

第五章

狡兔有三窟，
避免單壓 All in

財富自由的階梯

01
本國市場不該是你的唯一選擇

相信大家都聽過「熟悉的麥香，最對味」這句廣告詞，而這句話也充分展現，人們天生就喜歡自己熟悉的事物。

舉例而言，投資於印尼市場的 ETF 有 iShares MSCI 印尼指數 ETF（EIDO），追蹤 MSCI Indonesia IMI 25/50 Index 的表現，從 2021 年上市到 2023 年的年化報酬率只有 1.46％，近 10 年投資持有 10 年的總報酬是 -2.25％。在這樣的背景下，長期投資印尼股市，可能不是一個好選擇。

事實上，只有不到 1％ 的印尼人投資股票。根據印尼證券交易所（IDX）資料顯示，印尼在資本市場投資者數量和總人口的比例方面仍落後於鄰國。

2018 年約有 160 萬印尼人在資本市場進行投資，但仍不到該國人口的 1％（印尼約有 2 億 6,500 萬人），也低於新加坡的 26％ 和馬來西亞的 7.8％。

那麼，為什麼印尼人不投資國外市場？這個現象也被稱為近鄉偏誤（Home Bias），指投資人進行投資時，通常會過度偏好本國

第五章　狡兔有三窟，避免單壓 All in

市場，而忽略國外市場。大家都只投資自己熟悉的股票，但其實現在全球投資非常方便，不管你身在何處，都能參與世界成長。

《死薪水的不投機致富金律》一書中，作者引用了 3 份研究報告，分析這種偏好的普遍性：

- 1990 年代早期，丹尼斯・赫澤邁爾（Dennis Huchzermeier）的研究指出，美國、日本與英國投資人持有的股票，來自本國的比例分別高達 93.8％、98.1％ 及 82％。
- 2001 年，史蒂芬・杜爾（Stephan Dürr）的研究發現，澳洲、加拿大、法國、德國、義大利、日本、荷蘭、西班牙、瑞典、英國與美國對於國內市場的投資比例，都介於 75％ 至 90％ 之間。
- 2005 年，赫澤邁爾進一步觀察了美國、日本與歐洲銀行提出的股市投資建議，發現不管哪個國家的銀行，都過度推薦在本國市場發行的股票。

這些現象很難純粹以理性面解釋，若想提升投資效率，我們必須善用科技與資訊的便利，擁抱全球化，並將資金配置在那些正處於成長階段的海外市場。

財富自由的階梯

02

為什麼你該投資所有產業與國家？

為什麼你應該投資於所有行業，而非只聚焦單一產業？每個產業都代表一群提供相似產品或服務的公司，雖然有些投資者偏好專注於特定產業進行投資，但根據歷史數據顯示，這種投資策略存在一定風險與難度。

觀察 2014 年到 2023 年的市場表現（見右頁圖表 5-1），可以看出以下結果：

- 沒有任何一個產業的報酬率，能持續勝過其他產業。
- 在 2016 年、2021 年、2022 年，能源業表現最好，但是在 2014 年至 2020 年這 7 年間，卻有 6 年墊底。
- 資訊科技業在 2023 年表現最亮眼，但前一年（2022 年）卻是倒數第三。
- 醫療保健業在 2015 年表現最佳，但緊接著卻在 2016 年墊底，到了 2018 年又回歸第一。

第五章　狡兔有三窟，避免單壓 All in

圖表 5-1　2014 年至 2023 年間各產業排行榜

沒有一個產業可以維持最佳報酬

	2014	2015	2016	2017	2018	2019	2020	2021	2022	2023
最佳報酬 ↑	不動產	醫療保健	能源	資訊科技	醫療保健	資訊科技	非必須消費	能源	能源	資訊科技
	公用事業	非必須消費	通訊	原物料	公用事業	通訊	資訊科技	不動產	公用事業	通訊
	醫療保健	資訊科技	金融	醫療保健	資訊科技	金融	通訊	金融	必須消費	非必須消費
	資訊科技	必須消費	原物料	非必須消費	非必須消費	工業	原物料	資訊科技	醫療保健	工業
	必須消費	通訊	工業	工業	不動產	不動產	醫療保健	原物料	工業	金融
	金融	不動產	公用事業	金融	必須消費	非必須消費	工業	非必須消費	金融	原物料
	非必須消費	金融	資訊科技	必須消費	金融	必須消費	必須消費	工業	原物料	不動產
	工業	工業	不動產	公用事業	通訊	公用事業	公用事業	醫療保健	不動產	醫療保健
	原物料	公用事業	非必須消費	不動產	工業	原物料	金融	通訊	資訊科技	必須消費
	通訊	原物料	必須消費	通訊	原物料	醫療保健	不動產	必須消費	非必須消費	能源
最差報酬 ↓	能源	能源	醫療保健	能源	能源	能源	能源	公用事業	通訊	公用事業

資料來源：德明信基金（DFA）。

093

財富自由的階梯

　　這些數據清楚顯示，**單一產業的表現極具波動性**。各產業都可能在不同時期表現很好，但隨後卻變得非常差。這也代表，這種投資方式容易讓績效變得不穩定，資產更容易大起大落。

　　如果想避免這樣的狀況，有一種明智的策略叫做「全面持有法」（owning them all approach）。透過持有所有行業的股票，投資者不需要預測哪個產業會勝出，而是參與各產業表現最好的時期，不僅可以分散風險，也能使投資者隨時隨地獲得更高的回報。

　　除了產業，持有所有國家的股票也很重要。所謂全球多元分散投資，就是除了買本國股票以外，也購買其他國家的股票。

　　只投資單一區域的股票，實際上是讓資金局限在該地區的經濟表現，以賺取報酬；若能加入其他國家或地區，資金就可以受惠於更大範圍的金融市場，擴大潛在報酬，並分散風險。

　　根據先鋒集團的研究顯示，截至 2020 年 9 月 30 日，美股市值占全球市值 58.3%，其次為歐元區 8.6%、英國 3.5%、加拿大 2.7%、澳洲 1.8%。不過要注意的是，這些市值占比並非一成不變，以美國為例，在 1980 年代時，美股市值曾一度只占全球市值約 29%，如今卻超過一半（見右頁圖表 5-2）。

　　這也顯示出，不同國家的股市影響力會隨著時間而轉變，投資單一國家，可能會使你錯過其他機會。比如，投資人若熟悉美國股市，且只投資美股，那麼他仍可以參與到近半的資本市場；相反的，如果他出生在其他地方，又只投資當地的股票，那麼將會錯過許多市場。

　　同一份報告也整理了全球市場對比個別市場的報酬波動，用來

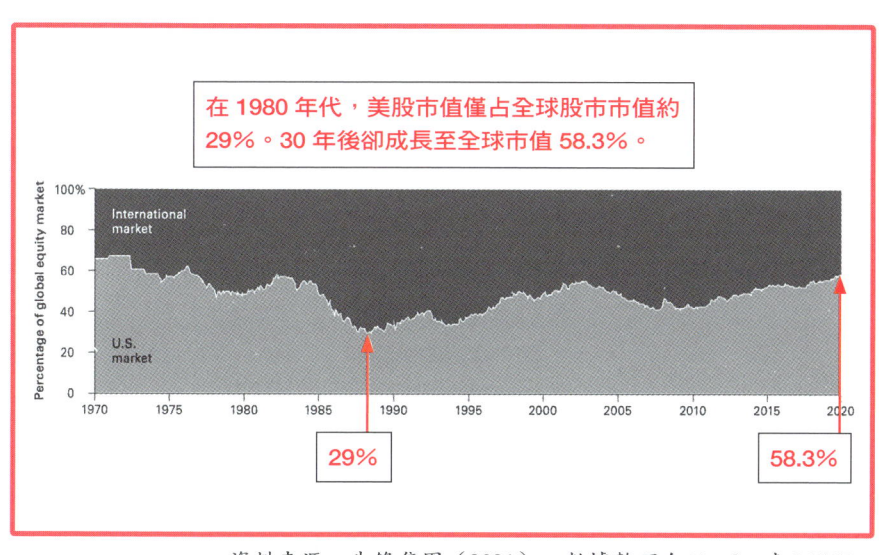

第五章　狡兔有三窟，避免單壓 All in

圖表 5-2　美股占全球市值比重

> 在 1980 年代，美股市值僅占全球股市市值約 29%。30 年後卻成長至全球市值 58.3%。

29%　　58.3%

資料來源：先鋒集團（2021），數據整理自 FactSet 與 MSCI，截至 2020 年 9 月 30 日。

說明全球多元分散投資的好處。

從下頁圖表 5-3 可看出，全球市場的波動幅度低於一般市場，也比其他成熟市場、新興市場來得低，全球投資組合的風險更穩定、可控。

此外，根據相關研究，若沒有全球投資，投資人將面臨 15% 到 100% 不等的額外波動風險，這對投資報酬與資產穩定度都會帶來重大影響。

圖表 5-3　全球市場與單一國家市場的年化波動率比較

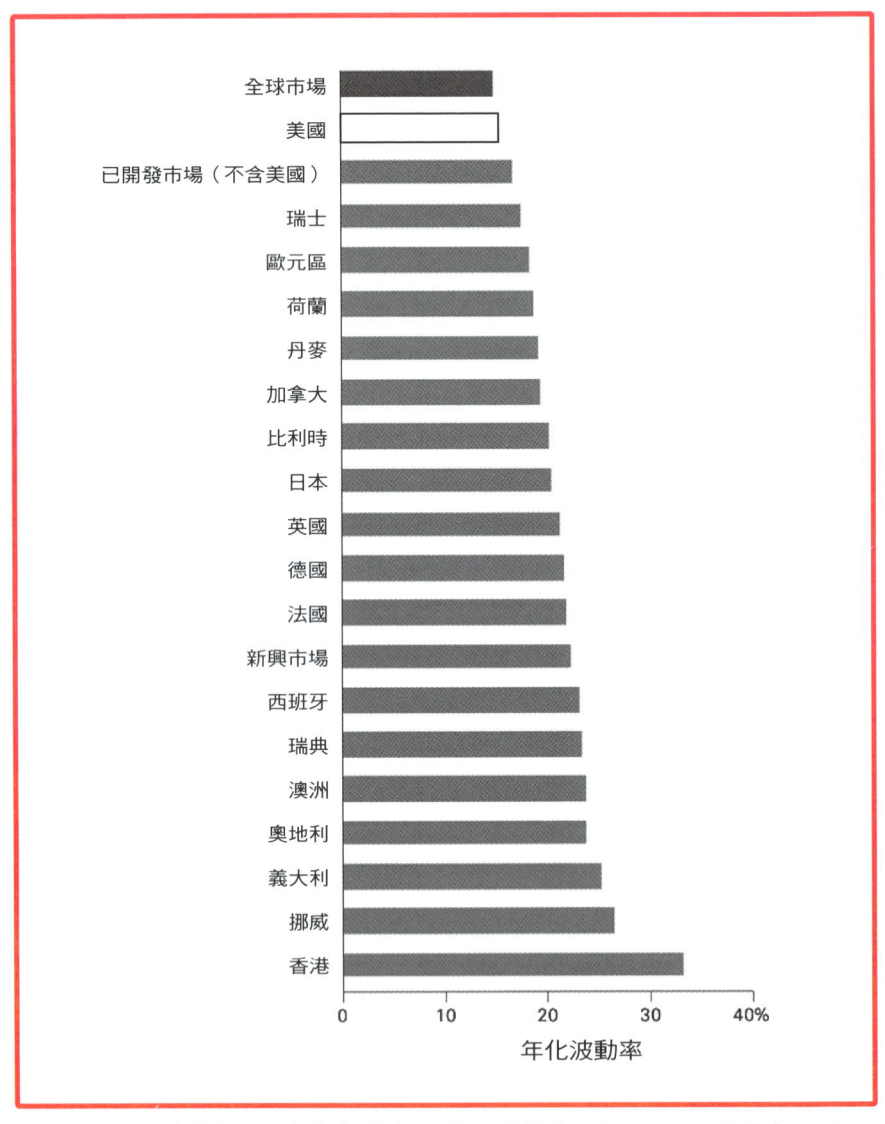

市場	年化波動率
全球市場	~15
美國	~15
已開發市場（不含美國）	~16
瑞士	~17
歐元區	~18
荷蘭	~18
丹麥	~19
加拿大	~19
比利時	~20
日本	~20
英國	~21
德國	~21
法國	~21
新興市場	~22
西班牙	~23
瑞典	~23
澳洲	~24
奧地利	~24
義大利	~25
挪威	~26
香港	~33

資料來源：先鋒集團（2021），數據整理自 FactSet、晨星與 MSCI，截至 2020 年 9 月 30 日。

第五章　狡兔有三窟，避免單壓 All in

03
收益來源也要斜槓

多元化是禁得起時間考驗的長期投資策略，有助於我們管理風險，同時提高整體報酬。根據 AQR 資本管理公司（AQR Capital Management）的資料，展示出資產多元化的優勢，以及全球宏觀（Global macro）對資產配置的重要性。

在過去五十多年裡，市場經歷多個階段，而每個年代表現最佳的資產類別各不相同（見第 99 頁圖表 5-4）。例如：

- 1970 年代，在停滯性通貨膨脹（stagflation）的背景下，大宗商品（commodities）表現強勁。名目報酬率約 8%、實質年化報酬率 1%，成長倍數約為：1.10 倍〔8÷（8－1）≒1.1〕。
- 1980 年代和 1990 年代，美國股市主導，名目報酬率分別為 17.6% 和 18.2%，實質年化報酬率約為 12% 和 14.8%，成長達 3.11 倍和 3.96 倍。
- 2000 年代，股市表現不佳，反而是債券以 6.3% 名目報酬率

財富自由的階梯

和 3.78% 實質年化報酬率領先，成長達 1.45 倍。
- 2010 年代，美國股市的名目報酬率為 13.5%、實質年化報酬率為 11.27%，成長 2.92 倍。
- 2020 至 2024 年，大宗商品估計名目報酬率 17.5%，實質年化報酬率 12.4%、成長 1.60 倍。

若投資人能在每個階段精準的切換至最佳資產，例如 1970 年至 1979 年投資大宗商品，接著在 1980 年至 1999 年投資美股，2000 年開始換成債券，2010 年又轉成美股，2020 年轉成大宗商品，這樣子你的報酬率就是成長倍數相乘（1.1×3.11×3.96×1.45×2.92×1.6＝91.7738807），10,000 元可增值至約 917,739 元。

然而，完美擇時幾乎不可能，要永遠買在起漲點，且 100% 有信心重壓一種資產，都能在起跌點轉換，這幾乎不可能做到，因此，我覺得多元化投資組合（如 60% 股票、20% 債券、20% 大宗商品）更穩健。

雖然各時期的最佳資產大不相同，但綜觀 1970 年至 2024 年的完整樣本數據（見右頁圖表 5-5），可以發現四大主要資產類別——美國股票、國際股票、債券和大宗商品——均呈現正夏普比率，凸顯跨資產多元化投資的優勢，不只能降低波動，在考慮通膨和貨幣影響後，也能穩健的創造正報酬。而建立一個涵蓋多元資產的投資組合，正是邁向長期穩健財務成長的起點。

第五章　狡兔有三窟，避免單壓 All in

圖表 5-4　過去五十多年的美國市場表現

時期	表現最佳的資產	名目報酬率（%）	實質報酬率（%）	成長倍數
1970 年至 1979 年	大宗商品	8.0	1.0	1.10
1980 年至 1989 年	美國股市	17.6	12.0	3.11
1990 年至 1999 年	美國股市	18.2	14.8	3.96
2000 年至 2009 年	債券	6.3	3.78	1.45
2010 年至 2019 年	美國股市	13.5	11.27	2.92
2020 年至 2024 年	大宗商品	17.5	12.4	1.60

圖表 5-5　1970 年至 2024 年，美國投資市場的整體變化

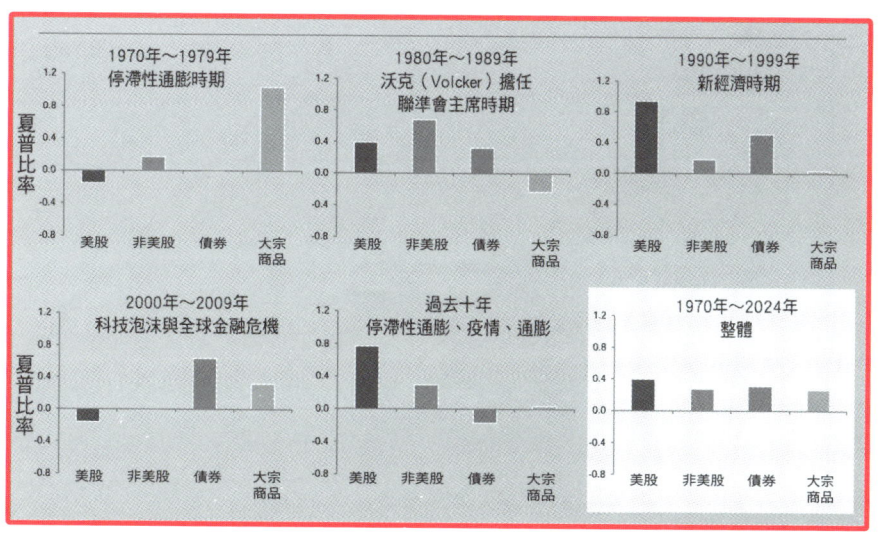

資料來源：AQR、Barclays Live、Bloomberg、Ibbotson Associates（由晨星提供），數據截至 2024 年 12 月 31 日。

財富自由的階梯

PG 入門筆記

- **名目報酬率**

  指投資或資產在不考慮通貨膨脹影響下的總報酬率，通常以百分比表示，反映表面上的收益或損失，例如股票價格上漲或存款利息。

- **實質報酬率**

  名目報酬率扣除通貨膨脹率後的實際購買力變化，反映投資的真實價值增長，例如名目報酬率為5%，通膨率為3%，實質報酬率約為2%（5%－3%＝2%）。

04
用 ETF 建立屬於你的全球資產配置

如果想進行全球分散投資,那麼每個國家該配置多少?確立全球投資只是第一步,第二步則是決定要配置多少比例。以下提供兩種常見的配置方法,幫助你建立屬於自己的全球資產配置。

方法一:根據市值比例進行配置

最簡單也最常見的方式,就是依照各國股市市值來分配投資比重。因為市場重視效率,而資產價格反映了所有資訊、投資行為與群眾預期。常見的參考指數包括富時全球全市場指數(FTSE Global All Cap Index)、MSCI 指數(The MSCI World Index),或道瓊全球指數(Dow Jones Global Index)。

以道瓊全球指數為例,下頁圖表 5-6 為 2024 年 9 月 23 日的前 16 大國家的權重分布。不過,儘管這樣的配置方式較為合理,實際上,大多數的投資人還是會受到近鄉偏誤影響,偏重本地市場。根據資料統計,截至 2019 年 12 月 31 日,義大利投資人投資自己

財富自由的階梯

圖表 5-6　以道瓊指數為基準,各國的權重分布

國家	成分股數	總市值（百萬美元）	占比（％）
美國	1,075	54,954,957.29	61.6
日本	857	6,359,991.29	6.3
英國	169	3,295,091.13	3.5
加拿大	175	2,665,935.11	2.8
中國	2,994	11,062,385.84	2.7
印度	464	4,911,167.66	2.4
法國	94	3,087,972.35	2.4
瑞士	80	2,128,319.81	2.2
臺灣	557	2,237,515.34	2.1
德國	109	2,217,251.25	1.9
澳洲	153	1,635,230.34	1.8
南韓	712	1,768,036.87	1.4
荷蘭	34	1,073,096.18	1.1
瑞典	77	922,035.98	0.8
丹麥	33	807,875.32	0.8
義大利	57	871,242.7	0.7

資料來源：晨星。

國家的股票比例是全球指數配置的 31.3 倍,澳洲是 30 倍、加拿大 16.7 倍、瑞士 10.8 倍、德國 7.8 倍、法國 6.8 倍、英國 4.9 倍,美國則是 1.4 倍（見右頁圖表 5-7）。

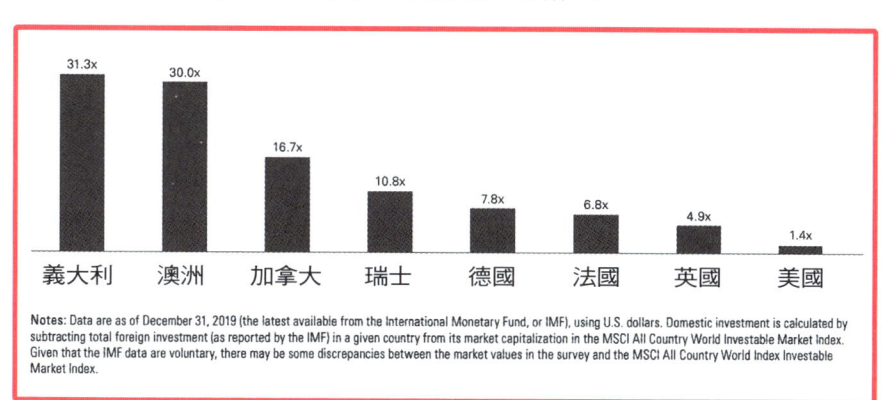

第五章　狡兔有三窟，避免單壓 All in

圖表 5-7　各國投資人對於近鄉偏誤的情況

國家	倍數
義大利	31.3x
澳洲	30.0x
加拿大	16.7x
瑞士	10.8x
德國	7.8x
法國	6.8x
英國	4.9x
美國	1.4x

Notes: Data are as of December 31, 2019 (the latest available from the International Monetary Fund, or IMF), using U.S. dollars. Domestic investment is calculated by subtracting total foreign investment (as reported by the IMF) in a given country from its market capitalization in the MSCI All Country World Investable Market Index. Given that the IMF data are voluntary, there may be some discrepancies between the market values in the survey and the MSCI All Country World Index Investable Market Index.

資料來源：Vanguard calculation, based on data from the IMF's Coordinated Portfolio Investment Survey (2019), FactSet, and MSCI.

方法二：根據降低波動的程度進行配置

另一個方法則是，根據在投資組合中加入國際股票後能降低波動的程度來判斷，下頁圖表 5-8 是根據先鋒資本市場模型（Vanguard Capital Markets Model，簡稱 VCMM）來看未來 10 年的預期波動降低程度。

報告中展示了 5 個先進國家地區（美國、加拿大、澳洲、英國、歐元區）的股市，進行多元分散投資所能帶來的穩定性。在這份報告中，除了歐元區以外，當國際分散的占比超過 35% 至 55% 時，分散所帶來的效益將減少（不過以美國和加拿大來說，若持有過半比例的非本國股票，反而會大幅提升波動率）。

在考量配置上，除了波動性降低外，還要評估預期報酬、執行

財富自由的階梯

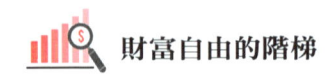

圖表 5-8　未來 10 年預期波動降低的程度

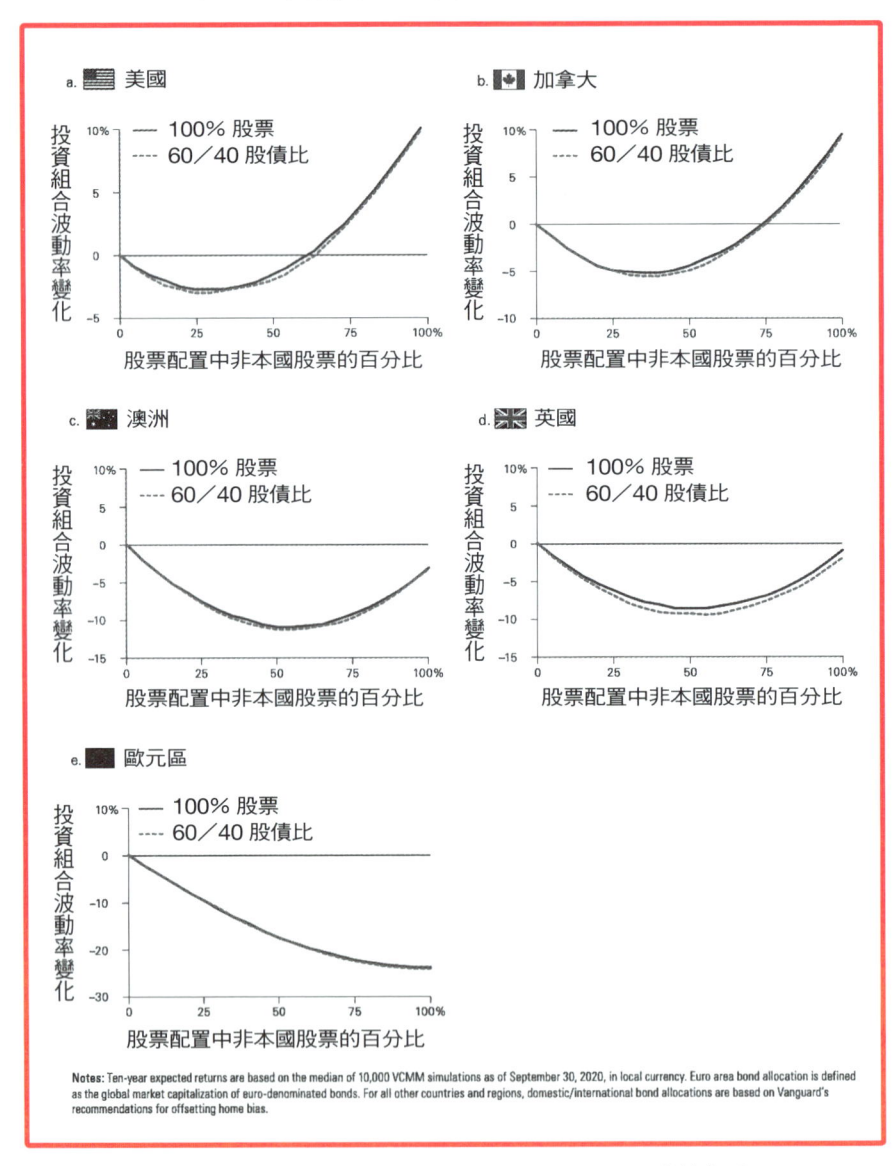

a. 美國
b. 加拿大
c. 澳洲
d. 英國
e. 歐元區

（各圖縱軸：投資組合波動率變化；橫軸：股票配置中非本國股票的百分比；圖例：100% 股票、60／40 股債比）

Notes: Ten-year expected returns are based on the median of 10,000 VCMM simulations as of September 30, 2020, in local currency. Euro area bond allocation is defined as the global market capitalization of euro-denominated bonds. For all other countries and regions, domestic/international bond allocations are based on Vanguard's recommendations for offsetting home bias.

資料來源：Vanguard。

第五章　狡兔有三窟，避免單壓 All in

的投資成本、稅務考量以及本身的財務目標、能承擔的風險等。

這份報告的重點在於，用數據呈現全球分散投資的好處，也檢視了多個在多個國家進行全球多角化的好處。

全球投資其實沒有想像中那麼難，只要透過國內外的券商，就可以買入全球分散的投資組合（見第 6 章），例如全球股市的 VT 等。如果想要比較精準的配置，也可以用多檔 ETF 來做搭配，比如元大台灣 50（0050）、美國整體股市 ETF（VTI）、國際股市的 Vanguard FTSE 成熟市場 ETF（VEA）、Vanguard 總體國際股票 ETF（VXUS）、Vanguard 美國以外全世界小型股 ETF（VSS）等。

如果有選擇障礙，不知道怎麼配置的人，可以選擇具有推薦投資功能的機器人理財，例如阿爾發機器人理財、永豐 ibrAin、富邦奈米投等，都是很省時、省力的工具。

現在的投資環境越來越便利，相比過往，我們可以透過這些簡單的方式參與全世界的經濟成長、進入全球資本市場，即使是一個小股民，用一點點的資金就可以買下全世界上萬檔的公司股票。

此外，最大的好處就是無須太過擔心未來可能面臨的「史詩級崩盤」。為什麼？因為你會知道，全球投資，不是只買一張股票、一個產業、一個國家、一個區域，而是參與到每一個金融脈動，共享全球菁英夜以繼日勞動創造的果實，扎實囊括了科技、醫療保健、民生必需、電信、公用事業、生活類股等各行各業。

對我來說，投資的本質是替我們購買未來，不管是專注於國內市場投資，抑或是放眼全球市場，都不失為一種合理的選擇。

不管是全球市場還是本土市場，堅持長期投資都是最核心的成

財富自由的階梯

功要義。當一個樂觀的長期投資者,期待這個世界變得美好,最終的回報將非常可觀。

第六章

通膨時,投資什麼最保值?ETF

財富自由的階梯

01

第一次領薪水就該投資的 ETF

第一次領薪水就該買的 ETF 有哪些？我建議以門檻低、成長性高、可以廣泛分散的標的為主，並適度搭配具備規畫功能的平臺，協助你釐清應該如何投入資金，以及投入多少金額。

以**國內投資**來說，我的首選是**元大台灣卓越 50 ETF 連結基金（0050 連結基金），以及元大台灣 50（0050）、富邦台 50（006208）**這兩支 ETF。如果想進行**全球投資**，我會建議選擇 **Vanguard 全世界股票 ETF（VT）、Dimensional 世界股票主動型 ETF（DFAW）**，或是具備 ETF 標的的機器人理財平臺。

話雖如此，我自己並沒有在第一次領薪水時，就馬上開始投資。一直到工作兩年後（2016 年），我才買進了 VT，作為自己的第一檔 ETF。我當時買進的價位是 58.92 元，1 年後就漲到 68 元，讓我賺了足足 15％。到了 2021 年底，VT 的價格已經來到 107 元，因此在短短 5 年間，這檔 ETF 就讓我獲利 80％，到了 2024 年底收盤價為 117 元，價差部分報酬率為 98％。

剛開始投資時我心裡忐忑不安，不確定到底能不能賺錢，畢竟

第六章　通膨時，投資什麼最保值？ETF

總有傳聞說市場「已來到最高點」、「末日即將來臨」。不過事後才知道，根據晨星的數據統計，在我投資期間（2016 年 6 月 1 日至 2025 年 6 月 17 日〔截稿日〕），VT 的累積總報酬率是 259%（包含配息）、平均年化報酬率為 11%。

當時，我建立投資組合的目標是用少量標的、投資全世界，因此我選擇投資 80% VT，加上 20% Vanguard 總體債券市場 ETF（BND）。

這樣的組合從 2016 年中到 2021 年底，歷經五年多的時間，中間也遇到像是 2018 年、2022 年的回檔，最後可以帶來年化率 11.95%，接近 12% 左右的回報，總報酬約 80%。即使經歷 2022 年的股債熊市（按：熊市指股票市場變動趨勢往下降，趨勢往上升則稱為牛市），投資組合回檔後的年化報酬仍有 8.78%。

對於核心資產配置來說，最簡易執行的方式便是以全球股票搭配全球債券，來組成投資組合。下頁圖表 6-1，是我整理了 11 個不同風險等級的全球股債投資組合數據。此表可以看出，**股票比例越高，報酬率就越高，不過相對的，波動性也會比較大。**

除此之外，第 112 頁圖表 6-2 是全球股債組合從 1991 年至 2024 年，每年的報酬率，從中我們可以比較不同股債比的漲跌。想挑選最適合自己的投資股債比，就得特別注意是否能接受下跌的幅度，而非只看報酬率高低。這可以幫助你挑選出最適合自己的投資股債比。

財富自由的階梯

圖表 6-1　11 種全球股債比的投資數據整理

	年化報酬率	累積報酬率	標準差	最佳年度報酬
全球股債比 0：100	5.88%	637.94%	7.41%	30.87%
全球股債比 10：90	6.33%	756.99%	7.30%	31.63%
全球股債比 20：80	6.75%	885.17%	7.62%	32.39%
全球股債比 30：70	7.15%	1,020.99%	8.31%	33.15%
全球股債比 40：60	7.51%	1,162.35%	9.30%	33.91%
全球股債比 50：50	7.85%	1,306.56%	10.52%	34.67%
全球股債比 60：40	8.15%	1,450.31%	11.92%	35.43%
全球股債比 70：30	8.41%	1,589.64%	13.45%	36.20%
全球股債比 80：20	8.51%	1,642.46%	15.31%	36.96%
全球股債比 90：10	8.84%	1,836.36%	16.85%	37.72%
全球股債比 100：0	8.99%	1,933.19%	18.82%	38.48%

第六章　通膨時，投資什麼最保值？ETF

最差年度報酬	期間最大漲幅	期間最大跌幅	正報酬比率
-4.86%	649.49%	-13.19%	66.62%
-4.01%	776.06%	-10.43%	67.32%
-3.22%	915.57%	-9.22%	67.67%
-7.74%	1,065.79%	-13.14%	67.58%
-12.60%	1,224.49%	-18.38%	67.43%
-17.45%	1,411.64%	-24.88%	67.27%
-22.31%	1,608.55%	-31.64%	67.14%
-27.17%	1,810.70%	-38.07%	67.06%
-32.02%	2,035.62%	-44.19%	67.06%
-36.88%	2,210.10%	-49.99%	66.94%
-41.73%	2,394.10%	-55.49%	67.23%

財富自由的階梯

圖表 6-2　1991 年至 2024 年，不同股債比例的報酬率（%）

	0：100	10：90	20：80	30：70	40：60
1991	8.38	9.06	9.74	10.42	11.11
1992	5.77	4.78	3.79	2.80	1.81
1993	16.55	17.51	18.47	19.42	20.38
1994	-4.80	-4.01	-3.22	-2.44	-1.65
1995	22.49	22.81	23.13	23.46	23.78
1996	7.91	8.74	9.56	10.39	11.21
1997	30.87	31.63	32.39	33.15	33.91
1998	8.26	9.16	10.05	10.95	11.85
1999	-1.92	0.47	2.87	5.26	7.66
2000	16.44	14.40	12.36	10.32	8.29
2001	13.43	11.11	8.79	6.47	4.15
2002	7.77	5.14	2.51	-0.12	-2.75
2003	0.68	4.00	7.32	10.65	13.97
2004	-2.09	-0.93	0.22	1.38	2.53
2005	8.07	8.93	9.79	10.65	11.51
2006	2.82	4.62	6.42	8.21	10.01
2007	4.84	5.50	6.16	6.82	7.47
2008	6.83	1.97	-2.88	-7.74	-12.60
2009	2.42	5.60	8.79	11.97	15.16
2010	-4.64	-3.68	-2.72	-1.77	-0.81
2011	9.46	8.10	6.73	5.37	4.01
2012	1.39	2.48	3.58	4.68	5.77
2013	2.49	4.98	7.47	9.96	12.45
2014	14.08	13.74	13.39	13.05	12.71
2015	5.00	4.73	4.46	4.19	3.92
2016	1.99	2.47	2.95	3.43	3.91
2017	-4.86	-2.86	-0.86	1.14	3.14
2018	5.11	3.93	2.75	1.57	0.38
2019	5.54	7.35	9.16	10.96	12.77
2020	-1.04	0.01	1.06	2.11	3.16
2021	-2.90	-0.98	0.95	2.88	4.80
2022	-1.37	-2.15	-2.93	-3.71	-4.49
2023	6.99	8.47	9.94	11.42	12.89
2024	10.45	11.88	13.30	14.73	16.16

第六章　通膨時，投資什麼最保值？ETF

50：50	60：40	70：30	80：20	90：10	100：0
11.79	12.47	13.15	13.83	14.51	15.20
0.82	-0.17	-1.16	-2.15	-3.14	-4.13
21.33	22.29	23.25	24.20	25.16	26.11
-0.86	-0.08	0.71	1.50	2.29	3.07
24.10	24.42	24.75	25.07	25.39	25.71
12.04	12.86	13.69	14.51	15.34	16.16
34.67	35.43	36.20	36.96	37.72	38.48
12.75	13.65	14.55	15.45	16.35	17.25
10.05	12.45	14.85	17.24	19.64	22.03
6.25	4.21	2.17	0.13	-1.90	-3.94
1.84	-0.48	-2.80	-5.12	-7.44	-9.75
-5.38	-8.01	-10.64	-13.27	-15.90	-18.53
17.29	20.61	23.94	27.26	30.58	33.91
3.69	4.85	6.00	7.16	8.31	9.47
12.37	13.23	14.08	14.94	15.80	16.66
11.81	13.61	15.40	17.20	19.00	20.80
8.13	8.79	9.45	10.11	10.76	11.42
-17.45	-22.31	-27.17	-32.02	-36.88	-41.73
18.34	21.53	24.71	27.90	31.08	34.26
0.15	1.10	2.06	3.02	3.97	4.93
2.65	1.28	-0.08	-1.44	-2.80	-4.17
6.87	7.97	9.06	10.16	11.26	12.35
14.94	17.43	19.92	22.41	24.89	27.38
12.37	12.03	11.68	11.34	11.00	10.66
3.65	3.38	3.11	2.84	2.57	2.30
4.39	4.87	5.35	5.83	6.31	6.79
5.14	7.14	9.14	11.14	13.13	15.13
-0.80	-1.98	-3.16	-4.34	-5.52	-6.70
14.58	16.39	18.20	20.01	21.81	23.62
4.21	5.26	6.31	7.36	8.41	9.46
6.73	8.66	10.58	12.51	14.44	16.36
-5.27	-6.05	-6.83	-7.61	-8.39	-9.17
14.37	15.84	17.32	18.79	20.27	21.75
17.58	19.01	20.44	21.86	23.29	24.72

財富自由的階梯

02

股票型 ETF：
台股、全球股、美股與其他

　　ETF 可以依照資產和行業分類，而我較推薦資產類別中的股票 ETF、債券 ETF、不動產投資信託 ETF（即房地產 ETF）。

　　前面已經提過，股票代表一家公司的部分所有權，只要企業持續成長，投資人自然能享受到成長的紅利；**股票 ETF** 則可以讓我們一次投資許多企業，享受整體產業的成長，**讓我們一次投資上百、上千檔股票**，成為許多世界頂尖企業的小股東。

圖表 6-3　3 檔台股 ETF

名稱	代號	分類	總管理費用	殖利率（股息收益率）
元大台灣卓越 50 基金	0050	台股大型股	0.13%	2.06%
富邦台灣采吉 50 基金	006208	台股大型股	0.15%	1.60%
元大台灣中型 100 基金	0051	台股中型股	0.435%	3.38%

最適合新手入門——台股 ETF

如果你想投資台積電或是鴻海，又想存金融股怎麼辦？買 0050（見圖表 6-3）就對了，因為 0050 可以讓你買科技股又買金融股。

想入門 ETF 投資的朋友，都是從這檔最知名的台股 ETF 起手，**因為它投資的是台股市值前 50 大的公司。**

0050，全名「元大台灣卓越 50 證券投資信託基金」，又常簡稱「元大台灣 50」，是目前投資台股大型股票最具指標性的 ETF，只要買這檔 ETF 就可以一次布局臺灣的大型權值股，快速達到分散投資。

另一個類似標的是 006208，全名「富邦台灣采吉 50 基金」，簡稱「富邦台 50」，和 0050 一樣追蹤臺灣 50 指數，但由於比 0050 晚了將近 9 年才發行，所以 006208 的規模與交易量，並不如 0050。

規模 （新臺幣）	12 個月 殖利率	每日平均交易量 （3 個月）（股）	前 10 大 持股占比	簡介
6,600 億元	2.07%	66,424,900	76%	規模大、成交量佳
2,200 億元	1.61%	9,127,716	75%	費用較低
193 億元	3.39%	79,685	19%	臺灣中型股

資料來源：晨星、各基金官網。

財富自由的階梯

0050 目前規模達 6,600 億元，006208 則為近 2,200 億元（統計到 2025 年 6 月 21 日）。**規模大**有個好處，就是不容易下市（規模少於 1 億元，投信可以申請終止 ETF 上市；如 2019 年 11 月 12 日，富邦發達〔0058〕因規模只剩 3,421 萬元，富邦投信遂申請自 12 月 13 日終止掛牌），即使**下跌也更容易存留在市場上**。

在費用上，2025 年起 0050 與 006208 皆宣布降低並採級距式收費。以 0050 為例，經理費由原先的 0.32%，調降成 0.1%、保管費由原先 0.035% 調降至 0.03%，隨著規模越大，則調降越多。若規模超過 5,000 億元，經理費會降至 0.08%；若超過 1 兆元以上，則最低可達 0.05%，保管費則會降至 0.025%。若以 6,600 億元的規模，總費用約為 0.13%；而 006208 以 2,200 億元的規模計算，總管理費用為 0.15%。

而就流動性來看，006208 目前月均交易量為 900 萬股左右，0050 則有 6,600 萬股。

綜合規模、費用、流動性評比，我建議選擇 0050 作為指數投資標的。

另外一檔常見台股 ETF 是元大台灣中型 100 基金（0051），它是中型股指數型 ETF，成立於 2006 年 8 月 24 日，指數由台股市值排名第 51 名到第 150 名所組成。

右頁圖表 6-4 是臺灣大型股（0050）以及中型股（0051）近年來的報酬表現比較，由此可見**大型股表現比中型股好上很多，波動也比較小**，不會有太大的起伏，較為穩定。

第六章　通膨時，投資什麼最保值？ETF

圖表 6-4　臺灣大型股及中型股的近年報酬表現

年度 \ ETF 代號	0050（大型股）	0051（中型股）
2007	11.16% 勝	5.24%
2008	-43.10% 勝	-53.13%
2009	73.85%	94.29% 勝
2010	12.85%	14.34% 勝
2011	-15.79% 勝	-23.36%
2012	12.42%	12.76% 勝
2013	11.59%	18.33% 勝
2014	16.96% 勝	3.74%
2015	-6.08% 勝	-15.25%
2016	18.67% 勝	7.21%
2017	18.39%	26.73% 勝
2018	-4.89% 勝	-7.88%
2019	32.97% 勝	29.96%
2020	31.63% 勝	28.02%
2021	21.77%	42.57% 勝
2022	-22.83%	-13.18% 勝
2023	28.67%	50.81% 勝
2024	48.17% 勝	7.84%
總報酬率	503.4% 勝	312.9%
年化報酬率	10.5% 勝	8.2%
標準差	25.8%	31.1%

資料來源：晨星、各基金官網。

財富自由的階梯

人在家中坐，賺遍全世界——全球市場 ETF

接下來，我們把鏡頭帶到美股，首先介紹全球市場 ETF。

全球市場顧名思義，就是投資全世界，另外還可以細分成美股市場、環球除美市場、歐亞新興市場，各自都有相應的 ETF，後面我會以常見的為主慢慢介紹。

在圖表 6-5 中，VT、iShares MSCI 全世界 ETF（ACWI）、DFAW 這三檔全球市場 ETF，持股都是全球知名的大公司，涵蓋我們日常生活中各種產業，包含生產 iPhone 的蘋果（Apple）、開發電腦文書軟體 Office 的微軟（Microsoft）、全球最大電子零售商亞馬遜、在臺灣以個人衛生產品聞名的嬌生（Johnson & Johnson）、

圖表 6-5　3 檔全球市場 ETF

中文	英文	代號	分類	總管理費用	殖利率（股息收益率）
Vanguard 全世界股票 ETF	Vanguard Total World Stock ETF	VT	環球股市	0.06%	1.83%
iShares MSCI 全世界 ETF	iShares MSCI ACWI ETF	ACWI	環球股市	0.32%	1.62%
Dimensional 世界股票主動型 ETF	Dimensional World Equity ETF	DFAW	環球股市	0.25%	1.50%

第六章　通膨時，投資什麼最保值？ETF

大家常使用的社群網站臉書（Facebook，現稱 Meta）、字母控股（Alphabet，Google 母公司）、全球最大石油公司埃克森美孚（Exxon Moril）、股神巴菲特經營的波克夏（Berkshire Hathaway，按：一間多元控股中心，前身為紡織公司，巴菲特入主後妥善配置其保留盈餘，始轉型控股中心）等。

除了上述這些，還有許多的產業（見下頁圖表 6-6）都能買下來，使你成為全世界的股東，大家在消費時你就能賺錢，讓花掉的錢都自己流回來，每一筆消費都會有回饋進到我們的口袋！

VT 自 2008 年 6 月 24 日成立，追蹤 FTSE 全球全市場指數，統計至 2024 年底，此 ETF 持有的企業**高達九千多檔**，基本上你能想到的公司都含括在內。

規模 （新臺幣）	每日平均交易量 （3 個月）（股）	持股 數量	成立日期	簡介
17,931 億元	2,461,184	9,787	2008/6/24	被動式管理
6,406 億元	3,484,247	2,257	2008/3/26	被動式管理
220 億元	67,538	13,204	2023/9/26	具因子投資特色，同時保有低成本

資料來源：晨星、各基金官網。

財富自由的階梯

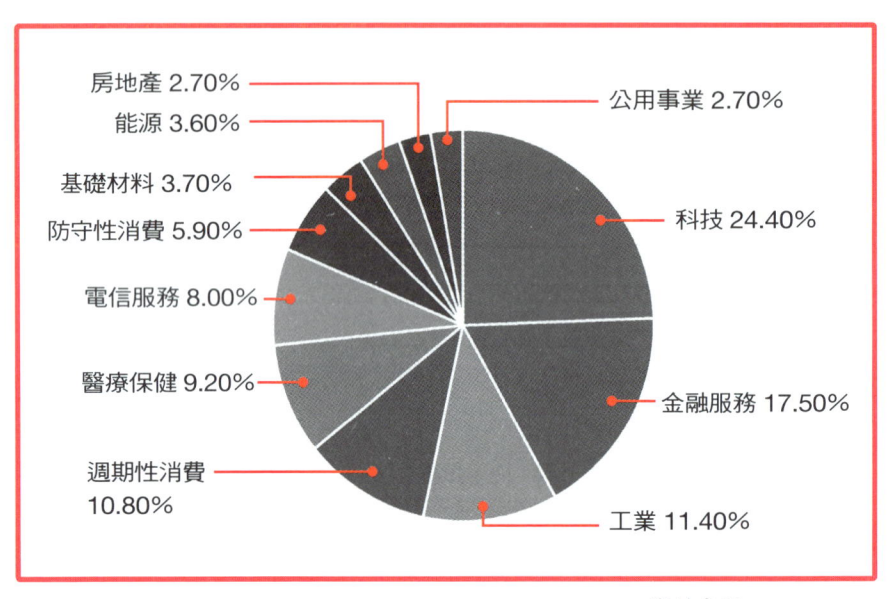

圖表6-6　VT 的主要持有產業

房地產 2.70%
能源 3.60%
基礎材料 3.70%
防守性消費 5.90%
電信服務 8.00%
醫療保健 9.20%
週期性消費 10.80%
工業 11.40%
金融服務 17.50%
科技 24.40%
公用事業 2.70%

資料來源：ETF.com。

　　ACWI 成立於 2008 年 3 月 26 日，總管理費用最高（0.32%），追蹤指數為 MSCI 所有國家世界指數（MSCI All Country World Index，新興國家和已開發國家皆包含），雖然也是投資全球股市，但 **ACWI 只包含大型股與中型股，沒有包含小型股。**

　　DFAW 成立於 2023 年 9 月 26 日，總管理費用 0.25%，投資環球大、中型股，特色是採用「風格傾斜」（style tilts）策略，透過適度傾斜於價值股（Value Stock，按：價值型股票，是指那些與利潤和資產相比較，價值可能被低估的股票）、小型股等因子，期望以低成本策略在長期中取得超越市場的表現。

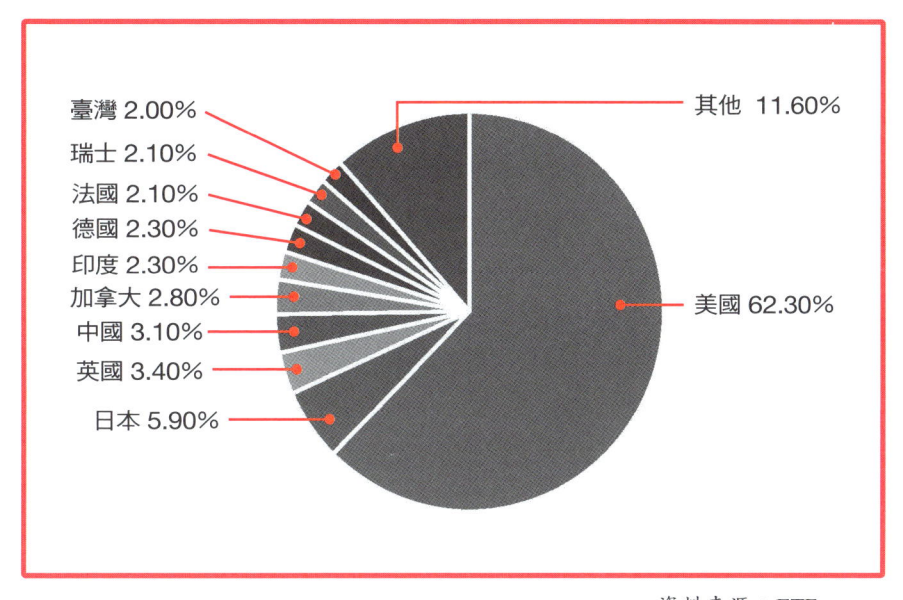

第六章　通膨時，投資什麼最保值？ETF

圖表 6-7　VT 的主要持有國家

臺灣 2.00%
瑞士 2.10%
法國 2.10%
德國 2.30%
印度 2.30%
加拿大 2.80%
中國 3.10%
英國 3.40%
日本 5.90%
其他 11.60%
美國 62.30%

資料來源：ETF.com。

　　透過這種全球全市場的 ETF，可以一次投資全世界的股票，包含已開發國家、新興國家市場（見圖表 6-7）。從追蹤指數來看，VT 是全市場指數，ACWI 只包含到中型股，無法涵蓋小型股，而 DFAW 則可以加強中小型與價值型股票（見下頁圖表 6-8），長期有機會獲得更高的報酬。基於指數化投資原則，希望被動追蹤市場可以選 VT，不用煩惱要怎麼配置各區域的比重，而希望實行加強價值因子與規模因子配置的話，可以選 DFAW。

　　若是從投資涵蓋程度來評估，VT 的涵蓋範圍最好，費用也最低（0.06%），相比總管理費用為 0.32% 和 0.25% 的 ACWI 和

財富自由的階梯

圖表 6-8　VT、ACWI、DFAW 股票市值占比

	VT	ACWI	DFAW
巨型股	43.3%	48.6%	31.1%
大型股	31.7%	35.0%	23.3%
中型股	18.9%	16.1%	28.7%
小型股	5.3%	0.3%	12.8%
微型股	0.8%	0.0%	4.1%

資料來源：晨星、各基金官網。

DFAW，投資 VT 每年可節省 81.3% 以及 76% 的投資費用。

$$1-(0.06\% \div 0.32\%) \approx 81.3\% \rightarrow 比\ ACWI\ 還省\ 81.3\%$$
$$1-(0.06\% \div 0.25\%) = 76\% \rightarrow 比\ DFAW\ 還省\ 76\%$$

除此之外，若以年度歷史報酬來比較（見圖表 6-9），VT、ACWI 的表現不會差異太大，DFAW 於 2023 年才成立、資料不多，因此這邊以相同的指數基金 DFA Global Equity Portfolio（DGEIX）來看，長期則有更好績效，因此我真的十分推薦用 VT、DFAW 這兩檔，來達到低成本全球分散投資的目的（我個人也有把 VT 這一檔 ETF 規畫進投資組合中，DFAW 則持續觀察中）。

圖表 6-9　全球市場 ETF 的歷史報酬率

年度＼代號	VT	ACWI	DFAW
2009	33.62%	35.23%	34.51%
2010	13.05%	12.31%	19.35%
2011	-7.71%	-7.60%	-7.41%
2012	17.33%	15.99%	18.24%
2013	22.98%	22.91%	29.15%
2014	3.97%	4.64%	4.62%
2015	-1.88%	-2.39%	-2.71%
2016	8.77%	8.22%	12.93%
2017	24.19%	24.35%	22.15%
2018	-9.67%	-9.15%	-11.49%
2019	26.80%	26.70%	26.67%
2020	16.74%	16.38%	13.49%
2021	18.25%	18.38%	23.20%
2022	-18.00%	-18.27%	-14.70%
2023	21.90%	22.22%	20.29%
2024	16.48%	17.41%	15.41%
總報酬率	410.4%	411.5%	491.7%
年化報酬率	10.7%	10.7%	11.8%
標準差	14.1%	14.3%	14.4%

註：DFAW 在 2023 年以前的數據，以指數型基金 DGEIX 代替。

資料來源：晨星、各基金官網。

財富自由的階梯

生活投資最佳代表——美股市場 ETF

說到投資海外甚至全世界,有些投資人會感到害怕。不過我先問你幾個問題:你常去好市多(Costco)購物嗎?有沒有喝過星巴克(Starbucks)?平常是不是用 Google 來查詢資料?有沒有看過 YouTube 影片、上臉書、看巴菲特的投資書籍?如果你對這些公司很熟悉,那麼你對我接下來要介紹的,應該不會太陌生——美股市場 ETF。

其實投資美股一點都不難,反而與我們的日常生活很接近,就像我剛剛提到的幾個例子,是不是都很熟悉?所以說,美股投資完全是生活投資的最佳代表。

圖表 6-10　4 檔美股市場 ETF

中文	英文	代號	總管理費用	殖利率（股息收益率）
Vanguard 整體股市 ETF	Vanguard Total Stock Market ETF	VTI	0.03%	1.29%
Vanguard 標普 500 指數 ETF	Vanguard S&P 500 ETF	VOO	0.03%	1.29%
SPDR 標普 500 指數 ETF	SPDR S&P 500 ETF Trust	SPY	0.09%	1.22%
iShares 核心標普 500 指數 ETF	iShares Core S&P 500 ETF	IVV	0.03%	1.31%

第六章　通膨時，投資什麼最保值？ETF

美國國內股市總市值，約占全球各國國內股票市值的 6 成左右，許多跨國知名企業也在美國上市，金融監管也最全面；利用投資美國市場，可以參與這些優質企業的成長。

美股市場 ETF 大致上分為兩類，一種是整體股市 ETF（例如 VTI），另一種是追蹤標準普爾 500 指數（S&P 500，簡稱標普 500 指數）的 ETF（包括 VOO、iShares 核心標普 500 指數 ETF〔IVV〕、SPY）。就市值來看，VOO、IVV、SPY 已能涵蓋大多數的市場，但還是建議用 VTI 來補足小型股以及微型股（見圖表 6-10）。

就產業分布而言，VTI 與 VOO 類似（見下頁圖表 6-11），投資科技業約占 31.1%，接著金融服務業約 14.2%，不過就涵蓋性來

成立日期	規模（百萬美元）	每日平均交易量（3 個月）（股）	持股數量	前 10 大持股占比
2001/5/24	182,297	4,081,772	3,555	29.72%
2010/9/7	142,762	8,353,386	500	34.08%
1993/1/22	60,461	80,045,335	500	36.12%
2000/5/15	57,389	7,605,073	500	36.13%

資料來源：晨星、各基金官網。

財富自由的階梯

圖表 6-11　VTI 與 VOO 的產業分布

產業類別 / 美股 ETF		VTI		VOO	
科技	週期性消費	31.1%	10.8%	33.0%	10.8%
金融服務	房地產	14.2%	2.7%	13.8%	2.5%
電信服務	能源	9.1%	3.1%	9.6%	3.0%
工業	基本物料	9.1%	2.0%	7.9%	1.7%
防守性消費	健康護理	5.6%	10.0%	5.9%	9.6%
公用事業		2.4%		2.1%	

資料來源：晨星、各基金官網。

講，**VTI 這類追蹤全市場的 ETF 能投資到小型股和部分微型股，報酬會更貼近美國整體股市表現**（見圖表 6-12）。

如果再考量 ETF 資產規模，對於希望取得美國市場指數報酬的投資人，我會**建議選擇 VTI 作為投資美國市場的標的**。

市場也會風水輪流轉──美國之外的其他選擇

許多國際基金投資於全球特定地區的多個市場，例如：

- 亞太地區（澳洲、日本、香港、新加坡）。
- 歐洲（英國、法國、西班牙、德國）。
- 拉丁美洲（巴西、墨西哥、阿根廷、秘魯）。

第六章　通膨時，投資什麼最保值？ETF

圖表 6-12　美股市場 ETF 的歷史報酬率

年度＼代號	VTI	VOO	IVV	SPY
2005	6.10%	4.77%	4.83%	4.79%
2006	15.66%	15.64%	15.69%	15.69%
2007	5.56%	5.39%	5.44%	5.39%
2008	-36.97%	-37.02%	-36.95%	-36.97%
2009	28.82%	26.49%	26.43%	26.42%
2010	17.26%	14.95%	14.96%	14.93%
2011	1.06%	2.09%	2.03%	2.06%
2012	16.41%	15.98%	15.91%	15.84%
2013	33.51%	32.33%	32.31%	32.21%
2014	12.56%	13.63%	13.62%	13.53%
2015	0.40%	1.35%	1.34%	1.34%
2016	12.68%	11.93%	11.90%	11.80%
2017	21.16%	21.78%	21.79%	21.69%
2018	-5.13%	-4.42%	-4.42%	-4.45%
2019	30.80%	31.46%	31.44%	31.29%
2020	20.95%	18.35%	18.37%	18.40%
2021	25.72%	28.66%	28.66%	28.59%
2022	-19.50%	-18.15%	-18.13%	-18.14%
2023	26.03%	26.25%	26.26%	26.14%
2024	23.75%	24.98%	24.98%	24.87%
總報酬率	607.8%	610.6%	611.2%	605.1%
年化報酬率	10.3%	10.3%	10.3%	10.3%
標準差	17.1%	16.9%	16.9%	16.9%

資料來源：晨星、各基金官網。

財富自由的階梯

長期來看，回歸平均值是必然會發生的現象，**也許近幾年美股表現好，但幾年過後或許其他市場報酬更亮眼**，因此除了投資美國市場以外，**將其他國家納入投資組合**也很重要。這時候，環球除美市場 ETF 就派上用場了（見圖表 6-13）。

雀巢（Nestlé SA）、騰訊、阿里巴巴、台積電、三星電子（Samsung）、瑞士羅氏控股（Roche Holding Ltd，旗下羅氏公司為跨國醫藥研發生產商）、豐田汽車（TOYOTA）、殼牌（Shell Plc，世界第二大石油公司）這些公司，雖然都不是美國企業，但同樣是 Vanguard 總體國際股票 ETF（VXUS）的主要持股；如果想投資美股以外的企業，在選完美股市場 ETF 後，我們可以選擇總

圖表 6-13　4 檔環球除美市場 ETF

中文	英文	代號	總管理費用	12 個月殖利率
Vanguard 總體國際股票 ETF	Vanguard Total International Stock ETF	VXUS	0.05%	2.92%
Vanguard FTSE 美國以外全世界 ETF	Vanguard FTSE All-World ex-US ETF	VEU	0.03%	2.82%
Vanguard FTSE 成熟市場 ETF	Vanguard FTSE Developed Markets ETF	VEA	0.04%	2.81%
Dimensional 全球不含美國核心股票 2 ETF	Dimensional World ex US Core Eq 2 ETF	DFAX	0.29%	2.74%

第六章　通膨時，投資什麼最保值？ETF

管理費用 0.05% 的 VXUS，來投資環球除美市場。

假設到目前為止，我們**選 VTI（美股市場）跟 VXUS（環球除美市場）兩個 ETF 組成投資組合，可以獲得持股約 1 萬支（3,555＋8,352＝11,907）的投資組合**，等於涵蓋全球可投資市場。

從下頁圖表 6-14 中，可以看到 VXUS、Dimensional 全球不含美國核心股票 2 ETF（DFAX）、Vanguard FTSE 美國以外全世界 ETF（VEU）、Vanguard FTSE 成熟市場 ETF（VEA）對地區方面的曝險比例。可用經濟發展程度分成已開發國家和新興市場，再以地區細分。

而從第 131 頁圖表 6-15 我們可以看到，1999 年至 2009 年

成立日期	規模（百萬美元）	每日平均交易量（3 個月）（股）	持股數量	前 10 大持股占比
2011/1/26	49,272	4,666,624	8,352	9.12%
2007/3/2	6,525	3,047,529	3,812	10.11%
2007/7/20	22,475	14,098,611	3,848	9.63%
2008/3/6	856	729,636	9,979	5.93%

資料來源：晨星、各基金官網。

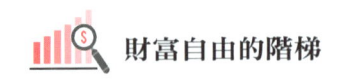

圖表 6-14　環球 ETF 成分股國家占比

市場	代碼	VXUS	DFAX	VEU	VEA
已開發國家	歐洲	30.20%	31.20%	31.20%	40.80%
	亞洲	10.30%	11.70%	9.50%	6.90%
	北美	8.10%	6.80%	7.20%	10.90%
	日本	15.60%	15.90%	15.90%	21.20%
	英國	8.90%	7.40%	9.00%	12.10%
	澳洲	4.80%	4.50%	4.70%	6.50%
	小計	77.9%	77.5%	77.5%	98.4%
新興市場	亞洲	15.9%	15.8%	16.2%	0.4%
	歐洲	0.8%	0.8%	0.7%	0.5%
	拉丁美洲	2%	2.1%	2.1%	0%
	非洲及中東	3.5%	3.9%	3.5%	0.8%
	小計	22.2%	22.6%	22.5%	1.7%

資料來源：晨星、各基金官網。

間，全球主要股市中表現最好的是拉丁美洲，美股市場最差；但接下來 2009 年至 2019 年則又反過來，美國市場表現最佳，拉丁美洲最差。如果市場投資不夠多元、分散，你可能會錯過某一個表現最好的市場。

至於 VXUS 與 VEU 的不同點在於，投資 VXUS 可以涵蓋國

第六章　通膨時，投資什麼最保值？ETF

圖表 6-15　1999 年至 2009 年與 2009 年至 2019 年，報酬率大不同

排名	1999 年至 2009 年報酬率	指數	2009 年至 2019 年報酬率	排名
1	200%	MSCI 新興拉丁美洲指數（MSCI EM Latin America）	74%	10
2	81%	MSCI 新興國家指數（MSCI EM）	152%	8
3	70%	MSCI 新興歐洲指數（MSCI EM Europe）	87%	9
4	48%	MSCI 新興亞洲指數（MSCI EM Asia）	197%	4
5	-10%	MSCI 德國指數（MSCI Germany）	166%	6
6	-16%	MSCI 歐洲指數（MSCI Europe）	169%	5
7	-20%	MSCI 太平洋指數（MSCI Pacific）	165%	7
8	-25%	MSCI AC 世界指數（MSCI AC World）	258%	3
9	-29%	MSCI 世界指數（MSCI World）	274%	2
10	-40%	MSCI 美國指數（MSCI USA）	391%	1

資料來源：晨星、各基金官網。

際市場上的小型股，即使這些股票只占投資組合中一小部分；而 VEU 只持有美國以外的全球大、中型股票，（幾乎）沒有涵蓋小

型股。若以涵蓋性來選擇，我會建議用 VXUS 和 DFAX 作為投資美國以外市場的 ETF，其中VXUS 是單純追蹤指數的 ETF，而 DFAX 則更偏重中小型股市。

想投資美國以外成熟（已開發）市場的話，可選擇總管理費為 0.04％ 的 VEA，VEA 能涵蓋小型股以及加拿大市場的股票，主要持股包含德國軟體公司 SAP、雀巢、全球最大晶片微影設備商艾司摩爾（ASML）、諾華（Novartis，總部位於瑞士的製藥及生物技術跨國公司）、豐田汽車、跨國醫藥研發生產商羅氏控股、匯豐控股（HSBC Holding plc，總部設於美國，為規模最大的歐系銀行）等。

雖說 VEU 和 VEA 都是投資美國以外的股市，但兩者也有不同之處：VEA 在巨型股與大型股的比例，為 78.2％（見圖表 6-16），其他依次為中型股 17.5％、小型股 4％、微型股 0.3％；

圖表 6-16　VXUS、DFAX、VEA 和 VEU 股票市值占比

	VXUS	DFAX	VEA	VEU
巨型股	46.5%	27.1%	45.7%	51.3%
大型股	32.0%	30.5%	32.5%	35.0%
中型股	17.3%	30.8%	17.5%	13.2%
小型股	3.9%	9.5%	4.0%	0.5%
微型股	0.4%	2.1%	0.3%	0.0%

資料來源：晨星、各基金官網。

第六章　通膨時，投資什麼最保值？ETF

圖表 6-17　環球除美市場 ETF 的歷史報酬率

年度 \ 代號	VXUS	DFAX	VEA	VEU
2009	36.73%	48.36%	28.34%	38.89%
2010	11.12%	15.57%	8.47%	11.85%
2011	-14.57%	-17.01%	-12.57%	-14.25%
2012	18.22%	19.41%	18.60%	18.55%
2013	15.16%	16.61%	22.12%	14.50%
2014	-4.17%	-4.97%	-5.71%	-4.05%
2015	-4.28%	-3.57%	-0.21%	-4.67%
2016	4.72%	6.16%	2.51%	4.77%
2017	27.52%	30.50%	26.44%	27.27%
2018	-14.42%	-16.87%	-14.47%	-13.97%
2019	21.58%	19.84%	22.08%	21.63%
2020	11.32%	9.11%	10.29%	11.39%
2021	8.69%	11.73%	11.49%	8.16%
2022	-15.99%	-14.31%	-15.35%	-15.46%
2023	15.56%	16.57%	17.77%	15.64%
2024	5.20%	5.02%	3.07%	5.46%
總報酬率	178.3%	220.5%	183.6%	186.6%
年化報酬率	6.6%	7.6%	6.7%	6.8%
標準差	14.8%	17.1%	14.0%	15.0%

資料來源：晨星、各基金官網。

財富自由的階梯

VEU 光是巨型股和大型股就占了 86.3%，剩下中型股占 13.2%，小型股只占了 0.5%（沒有微型股）。

另外，VEA 追蹤的是富時全球除美已開發國家股市指數（FTSE Developed All Cap ex-US Index），投資除美已開發市場排除新興市場；VEU 則追蹤富時美國以外全世界指數（FTSE All-World ex-US Index），包含美國以外的已開發市場與新興市場，覆蓋範圍更廣。

上頁圖表 6-17 是比較 Vanguard 以及 Dimensional 兩家發行同類型 ETF 的報酬，因為 Vanguard 較早發行，因此資料較多筆。

該選擇哪種股票 ETF？PG 推薦你 6 檔

基本上，除了全世界股票 ETF（例如 VT、DFAW）以外，好好分配投資區域也是很好的投資方式，其中可分為美國股市 ETF（如 VTI、VOO）、環球除美市場 ETF（如 VXUS、DFAX）、已開發國家市場（如 VEA）（見右頁圖表 6-18）。

若以投資區域的分類來建構投資組合，也就是以世界地圖的角度來看，我建議**先將美洲、歐洲、亞太等三大版塊納入投資組合**，鞏固本身的主要進攻部隊，此為核心分類。

接下來是次要的衛星分類（重要性與核心分類相對，核心是一定要配置的部分，衛星配置則可有可無，依照個人情況調整）──單一國家 ETF 以及產業型 ETF──國家 ETF 有數十種，如臺灣、美國、中國、英國、德國等；產業類別一樣分為多種

第六章　通膨時，投資什麼最保值？ETF

圖表 6-18　股票 ETF 推薦

分類	名稱	代號
全球市場 ETF	Vanguard 全世界股票 ETF	VT
	Dimensional 世界股票主動型 ETF	DFAW
美國股市 ETF	Vanguard 整體股市 ETF	VTI
環球除美市場 ETF	Vanguard 總體國際股票 ETF	VXUS
	Dimensional 全球不含美國核心股票 2 ETF	DFAX
	Vanguard FTSE 成熟市場 ETF	VEA

ETF，像是電信業 ETF（例：iShares 美國電信 ETF，iShares U.S. Telecommunications ETF，代號 IYZ）、金融股 ETF（例如元大 MSCI 金融，代號 0055）等。

區域型的 ETF 持股多，故風險分散、流通量也較佳，同樣能投資到不同產業以及國家；如果一開始就從**特定產業型 ETF 切入**，會面臨要選擇哪一個產業、哪一個國家開始投資的問題，**反而變成集中投資**，提高不必要的風險。

財富自由的階梯

03

債券 ETF：
短、中、長期各取所需

債券是投資人把錢借給發行單位，換取到期日前按時還息的承諾，功用是替發行債券的單位遮風避雨，當市場黑暗期來臨時，提供安慰與援助，甚至是滅火。

投資債券首重安全，而非報酬，如威廉・伯恩斯坦（William Bernstein）在《投資金律》（The Four Pillars of Investing）中寫道：

在投資組合中，我們該承受風險的部位是股票，而不是債券；投資債券的目的是希望保護投資組合不受市場低迷影響，同時獲得一定的現金流動性。

注意，**購買單一債券的進入門檻較高**（一般而言，海外券商的購買門檻多在 1,000 美元以上，複委託則在 1 萬美元以上，金額皆因每檔債券而有所不同），但小資族若用債券 ETF，即使只有幾千塊，也能投資很多債券。

投資組合中的**債券最好是政府公債或是綜合債券**，而非高收益

債券（詳細舉例可見圖表 6-19），因為高收益債 ETF 在股災時，下跌幅度也可能像股票一樣慘，進而失去避險效果。

圖表 6-19　投資債券 ETF 也該慎選，以免失去避險效果

	類型	舉例
推薦	政府公債	iShares 3-7 年期美國公債 ETF（IEI）、iShares 20 年期以上美國公債 ETF（TLT）
推薦	綜合債券	Vanguard 美國總體債券市場 ETF（BND）、Vanguard 總體國際債券 ETF（BNDX）、Vanguard 全世界債券 ETF（BNDW）
不推薦	高收益債	SPDR 彭博高收益債 ETF（JNK）、SPDR 彭博短期高收益債券 ETF（SJNK）

追求合理收入，降低短期市場下跌的影響

債券在股市下跌時有兩個功能，一是股災時作為「保險」，來保護投資組合，二是作為情緒上的避險工具。

股災時，債市的跌幅沒有股市大，有時甚至還可能上漲，讓投資人信心與能力兼具，得以在股票跌到跳樓拍賣價時賣債買股，進場以低價接手股票。

長期來看，債券的報酬率只源自於它的孳息（按：由原物所產生的額外收益），與大環境利率水準息息相關。在美國 1926 年至 2017 年間的投資歷史上，美國 10 年期公債提供了 4.88% 的年化報酬率，美國 3 個月期國庫券則提供了 3.39% 的年化報酬率，波動性比股票來得小。

財富自由的階梯

基於以上原因，許多人購買債券來取得穩定的配息，並且平衡投資股票所產生的波動性。

近代投資歷史上，美國 10 年期公債幾乎都能夠逆勢上漲，但要注意**也有和股票同步下跌的情形發生**，透過圖表 6-20，我們可以發現 1931 年、1941 年便是同步下跌，股票和債券的報酬率都為負值。

圖表 6-20　1929 年至 1946 年間，股市下跌時公債的保護效果（有例外）

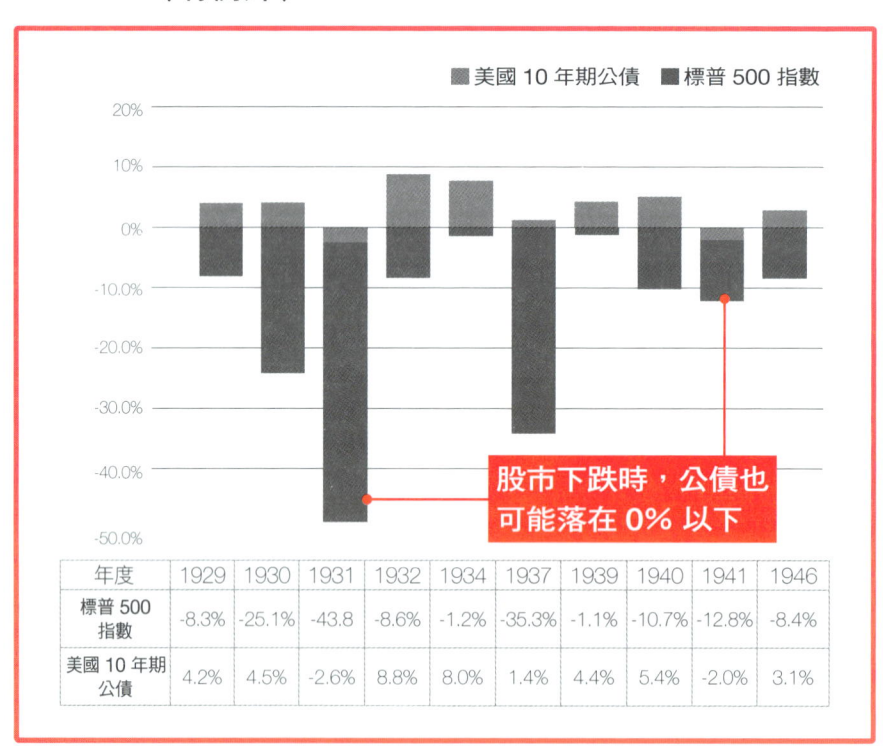

年度	1929	1930	1931	1932	1934	1937	1939	1940	1941	1946
標普 500 指數	-8.3%	-25.1%	-43.8	-8.6%	-1.2%	-35.3%	-1.1%	-10.7%	-12.8%	-8.4%
美國 10 年期公債	4.2%	4.5%	-2.6%	8.8%	8.0%	1.4%	4.4%	5.4%	-2.0%	3.1%

股市下跌時，公債也可能落在 0% 以下

資料來源：晨星、各基金官網。

債券的風險雖然較股票來得低且穩定，但風險再怎麼低，也不可能是零，所以我們還是必須了解一些關於債券投資的危險：

1. 利率風險。

理論上，當利率上升時，債券的價格會下跌。當債券存續期間越長，受利率變動的影響就越大，對於利率改變也越敏感，風險自然越高。不過，這部分可以**透過投資短期債券來減低。**

2. 收入風險。

當利率下降時，債券基金的配息便會降低，債券投資者的收入於是跟著降低。對於**短期債券投資人**來講，因為債券到期得早，因此**收入風險高於投資長期債券的投資人。**

3. 信用風險。

如果只投資個別債券，當債券發行者違約時，投資人可能會損失部分或全部本金；另一種是當信用評級（按：又稱主權評級〔主權國家信用評級〕，著名的三大信用評級公司有標準普爾〔S&P Global Ratings〕、穆迪公司〔Moody's Corporation〕及惠譽國際〔Fitch Group〕）遭降低時，信用風險也會增加。

所幸我們投資的是債券 ETF，因為**分散持有**的關係，**能避開單一債券的信用風險以及信評降級的情況。**

至於信用評級方式，標準普爾、穆迪和惠譽各有不同表現方式，詳細請見下頁圖表 6-21。

財富自由的階梯

圖表 6-21　標準普爾、穆迪、惠譽長期信用評級表

	投資等級		
	標準普爾	穆迪	惠譽
最高評級	AAA、AAA⁺	Aaa、Aa1	AAA、AA⁺
優良	AA、AAA⁻、A⁺	Aa2、Aa3、A1	AA、AA⁻、A⁺
好	A、A⁻、BBB⁺	A2、A3、Baa1	A、A⁻、BBB⁺
中等	BBB、BBB⁻	Baa2、Baa3	BBB、BBB⁻
	非投資等級		
不確定	BB⁺、BB、BB⁻	Ba1、Ba2、Ba3	BB⁺、BB、BB⁻
差	B⁺、B、B⁻	B1、B2、B3	B⁺、B、B⁻
非常差	CCC⁺、CCC、CCC⁻	Caa1、Caa2、Caa3	CCC⁺、CCC、CCC⁻
極差	CC	Ca	CC
最低	C	C	C

註：若想知道各國信用評級，可至「鉅亨網金融中心→央行專區→國家主權評級」查詢。

資料來源：鉅亨網金融中心。

4. 匯率風險。

由於投資的是國外證券，所以會牽涉到兌換外幣的問題，其中必定有匯率高低的差別，影響到你換匯後，是換多或者換少。

我自己的做法是，每個月固定將新臺幣換成外幣（我投資美股，故換成美元），避免將錢全押在同一個匯率上，畢竟匯率低時當然很好，匯率高時可就吃虧了。

第六章　通膨時，投資什麼最保值？ETF

如果你非常保守，選美國政府公債

了解了台股及美股常見的股票 ETF 之後，接著我們要介紹的是債券 ETF，包含：美國政府公債 ETF、美國綜合債券 ETF、國際政府公債 ETF、高收益債 ETF。

如果你是非常保守的投資人，那麼我建議投資美國政府公債 ETF，這絕對是安全又穩健的最佳代表。

選擇債券 ETF 要的是穩定，報酬則是其次；要追求報酬應該在股票市場上，而非透過債券市場。此外，不能為了追求報酬率而犧牲信用評級的要求，利率風險和信用風險都得適度限制。

美國政府公債 ETF 因為信用風險低，支付的利率通常低於企業債券，而且政府不能償還貸款的機會較低，在投資組合中往往扮演穩定軍心的角色（見下頁圖表 6-22）。

選擇債券 ETF 除了費用以外，還要留意平均的存續期間（短、中、長期），當存續期間越長，代表利率風險越高，對利率較敏感；因此就存續期間來評估，**長期債券的利率風險就高於中期公債以及短期公債。**

想投資短期公債的話，你可以考慮 Vanguard 短期公債 ETF（VGSH）或是 iShares 1-3 年期美國公債 ETF（SHY）。

VGSH 追蹤彭博 1-3 年美國國債指數（Bloomberg U.S. Treasury 1-3 Year Bond Index），而 SHY 追蹤 ICE 1-3 年美國國債指數（ICE U.S. Treasury 1-3 Year Bond Index）（按：ICE指的是洲際交易所集團，為美國網上期貨交易平臺）的投資表現，兩個指數都是由剩餘

財富自由的階梯

圖表 6-22　7 檔美國政府公債 ETF

中文	英文	代號	分類	總管理費用	殖利率（股息收益率）
Vanguard 短期公債 ETF	Vanguard Short-Term Treasury ETF	VGSH	短期公債	0.03%	4.17%
iShares 1-3 年期美國公債 ETF	iShares 1-3 Year Treasury Bond ETF	SHY	短期公債	0.15%	3.95%
Vanguard 中期公債 ETF	Vanguard Intmdt-Term Trs ETF	VGIT	中期公債	0.03%	3.73%
iShares 3-7 年期美國公債 ETF	iShares 3-7 Year Treasury Bond ETF	IEI	中期公債	0.15%	3.23%
iShares 7-10 年期美國公債 ETF	iShares 7-10 Year Treasury Bond ETF	IEF	中期公債	0.15%	3.71%
Vanguard 長期公債 ETF	Vanguard Long-Term Treasury ETF	VGLT	長期公債	0.03%	4.45%
iShares 20 年期以上美國公債 ETF	iShares 20+ Year Treasury Bond ETF	TLT	長期公債	0.15%	4.39%

期限在 1-3 年之間的美國國債所組成。

　　VGSH 的總管理費用為 0.03%，SHY 則是 0.15%，以此來評估的話，VGSH 的成本較低，且相較於 5 年前時又更為降低（現為 0.07%）；綜合考量規模及成交量，我認為 VGSH 較佳。

　　中期公債部分，Vanguard 以及 iShares 的 ETF 成分就不太一樣，Vanguard 中期公債 ETF（VGIT）追蹤彭博 3-10 年美國國債指

第六章　通膨時，投資什麼最保值？ETF

成立日期	規模（百萬美元）	每日平均交易量（3個月）（股）	平均有效存續年數	有效到期年數	平均信用評級
2009/11/19	2,703	3,561,259	1.90	2.00	AAA
2002/7/22	2,390	4,533,587	1.89	1.98	AA
2009/11/19	3,934	3,315,697	4.90	5.60	AAA
2007/1/5	1,532	2,227,262	4.31	4.78	AA
2002/7/22	3,441	10,926,519	7.09	8.55	AA
2009/11/19	1,408	2,692,430	14.10	22.20	AAA
2002/7/22	4,914	42,371,617	15.92	25.67	AA

資料來源：晨星、各基金官網。

數（Bloomberg U.S. Treasury 3-10 Year Index），指數由剩餘期限在 3-10 年之間的美國國債組成；而 iShares 3-7 年期美國公債 ETF（IEI）追蹤 ICE 3-7 年美國國債指數（ICE U.S. Treasury 3-7 Year Bond Index）的投資表現，指數主要由剩餘期限在 3-7 年之間的美國國債組成。

iShares 7-10 年期美國公債 ETF（IEF）則追蹤 ICE 7-10 年美國

143

財富自由的階梯

國債指數（ICE U.S. Treasury 7-10 Year Bond Index），總管理費用為 0.15%，幾乎由剩餘期限在 7-10 年之間的美國國債組成（見圖表 6-23，組成債券集中在 7-10 年間）。雖然 VGIT 的平均到期年數和存續期間都略高於 IEI，不過殖利率也稍高一些。

長期公債部分，Vanguard 長期公債 ETF（VGLT）追蹤彭博長期美國國債指數（Bloomberg U.S. Long Treasury Bond Index），總管理費用為 0.03%；iShares 20 年期以上美國公債 ETF（TLT）則追蹤 ICE 20 年以上美國國債指數（ICE U.S. Treasury 20+ Years Bond Index），總管理費用比 VGLT 多，為 0.15%，若以複委託、美國券商美股投資，我會選擇 VGLT。

再看到圖表 6-23，可以看到短期公債 ETF 組成相當類似。中

圖表 6-23　美國政府公債 ETF 的組成

到期年數 組成	VGSH	SHY	VGIT	IEI	IEF	VGLT	TLT
1-3 年	97.94%	98.89%	-	0.09%	-	-	-
3-5 年	2.06%	-	48.18%	61.29%	-	-	-
5-7年	-	-	30.24%	38.62%	4.28%	-	-
7-10 年	-	-	21.59%	-	95.72%	-	-
10-15 年	-	-	-	-	-	4.80%	-
15-20 年	-	-	-	-	-	40.34%	0.02%
20-30 年	-	-	-	-	-	54.86%	99.98%
超過 30 年							

資料來源：晨星、各基金官網。

第六章　通膨時，投資什麼最保值？ETF

期公債部分，三者皆持有 5-7 年期的公債；長期債券部分，TLT 幾乎都集中在 20-30 年期。

就資產配置的角度評估，我建議**利用短期公債 ETF 或是中期公債 ETF 作為防守部位**就好，因為長期公債 ETF 波動稍大，即使殖利率較高，但受到利率上升的影響，而產生短期的資本利損，因此穩定、保護的效果並不如短期、中期公債 ETF 的效果來得好。

最後看看下頁圖表 6-24，你更能深刻體會到，為什麼該把公債納入你的組合當中——在最近一次股市下跌（2008 年金融危機）中，當年股票 ETF 的報酬都為負值，美國政府公債 ETF 卻逆勢上漲多呈正數。

美國政府公債 ETF，在臺灣證券交易所也買得到

了解美國政府公債 ETF 的基本特性後，現在要思考的問題是：身為臺灣投資人，我們該怎麼參與？其實不需要去美國券商開戶（如果想開戶，見第 8 章教學），在臺灣證券交易所就能買到掛牌的美國政府公債 ETF。不需要換匯、操作方法也和買股票一樣簡單，對初學者而言更加友善。

由於臺灣壽險業對固定收益資產具有長期且穩定的配置需求，龐大的資金流入促使債券 ETF 市場快速發展，不僅產品多元、交易活絡，費用率也相對低廉。壽險業的大量參與，使得債券 ETF 具備良好的流動性與穩定性，也進一步吸引更多法人與個人投資人進場，形成良性循環。因此，**對於完全沒有經驗的人，我建議投資**

圖表 6-24　美國政府公債 ETF 的歷史報酬率

代號 年度	VGSH	SHY	VGIT	IEI	IEF	VGLT	TLT
2005	—	1.48%	—	—	2.27%	—	8.44%
2006	—	3.83%	—	—	2.65%	—	0.83%
2007	—	7.30%	—	—	10.21%	—	10.15%
2008	—	6.64%	—	13.11%	18.03%	—	33.76%
2009	—	0.53%	—	-1.85%	-6.37%	—	-21.53%
2010	2.24%	2.23%	6.94%	6.54%	9.29%	9.36%	9.25%
2011	1.45%	1.43%	9.72%	8.10%	15.46%	28.86%	33.60%
2012	0.43%	0.31%	2.63%	2.09%	4.06%	3.49%	3.25%
2013	0.26%	0.23%	-2.73%	-1.95%	-6.12%	-12.73%	-13.91%
2014	0.53%	0.48%	4.23%	3.14%	8.92%	25.05%	27.35%
2015	0.51%	0.43%	1.63%	1.67%	1.55%	-1.36%	-1.65%
2016	0.79%	0.75%	1.12%	1.22%	1.00%	1.33%	1.36%
2017	0.38%	0.27%	1.59%	1.19%	2.47%	8.66%	8.92%
2018	1.48%	1.45%	1.31%	1.36%	0.82%	-1.64%	-2.07%
2019	3.52%	3.42%	6.31%	5.78%	8.38%	14.31%	14.93%
2020	3.12%	3.01%	7.66%	6.88%	9.84%	17.71%	17.92%
2021	-0.64%	-0.73%	-2.57%	-2.51%	-3.27%	-5.03%	-4.76%
2022	-3.88%	-3.90%	-10.67%	-9.59%	-15.23%	-29.45%	-31.41%
2023	4.31%	4.15%	4.42%	4.42%	3.58%	3.71%	2.96%
2024	4.02%	3.92%	1.32%	1.81%	-0.61%	-6.46%	-7.84%

資料來源：晨星、各基金官網。

第六章　通膨時，投資什麼最保值？ETF

人先以短期政府公債作為投資的起始。

若想投資短期公債，在台股市場上可依據規模大小與流動性來選擇，如元大美國政府 1-3 年期債券 ETF 基金（00719B）、富邦美國政府債券 1-3 年期基金（00694B）、中國信託美國政府 0-1 年期債券 ETF 基金（00864B）這 3 檔 ETF；若偏好長期公債，元大美國政府 20 年期（以上）債券基金（00679B）、國泰 20 年期（以上）美國公債指數基金（00687B）、中國信託美國政府 20 年期以上債券 ETF 基金（00795B）這 3 檔也都是非常優秀的標的（見下頁圖表 6-25）。

除此之外，00795B 的費用率，甚至比 TLT 更低。因此，若要投資台股交易的美國長期公債，我會選擇 00795B。

怕風險又想賺高利息，投資美國綜合債券 ETF

想要投資保守穩健的美國公債，又想要投資配息較高的公司債嗎？利用美國綜合債券 ETF 就能同時投資兩者（見第 150 頁圖表 6-26）！

BND 與 iShares 美國核心綜合債券 ETF（AGG）兩個綜合債券 ETF，追蹤的都是彭博美國綜合浮動基準指數（Bloomberg U.S. Aggregate Float Adjusted Index），前者成立於 2007 年 4 月 3 日，後者則是成立於 2003 年 9 月 22 日。

BND 以及 AGG 可以讓你用極低的成本，一次買進大量的美國投資級債券，主要為美國公債、投資級公司債、美元計價的國際債

圖表 6-25　8 檔台股交易的美國政府公債 ETF

名稱	代號	分類	總管理費用	殖利率（股息收益率）
元大美國政府 1-3 年期債券 ETF 基金	00719B	短期公債	0.17%	4.88%
富邦美國政府債券 1-3 年期基金	00694B	短期公債	0.17%	2.95%
中國信託美國政府 0-1 年期債券 ETF 基金	00864B	短期公債	0.18%	0.00%
元大美國政府 7-10 年期債券基金	00697B	中期公債	0.42%	3.23%
富邦美國政府債券 ETF 傘型基金之富邦美國政府債券 7-10 年期基金	00695B	中期公債	0.44%	3.20%
元大美國政府 20 年期（以上）債券基金	00679B	長期公債	0.15%	5.21%
國泰 20 年期（以上）美國公債指數基金	00687B	長期公債	0.15%	5.66%
中國信託美國政府 20 年期以上債券 ETF 基金	00795B	長期公債	0.12%	6.16

第六章　通膨時，投資什麼最保值？ETF

有效存續年數	成立日期	規模（新臺幣）	每日平均交易量（3個月）（股）
1.78	2018/1/19	13,504,716,013	3,150,762
1.80	2017/5/31	6,773,478,730	333,651
0.49	2019/10/8	6,619,547,062	3,056,365
7.20	2017/6/15	1,973,234,654	643,524
7.17	2017/5/31	1,312,141,430	379,286
16.42	2017/1/11	228,495,460,229	68,953,365
16.29	2017/4/6	190,270,422,852	54,460,222
16.66	2019/4/1	53,701,654,419	15,486,683

資料來源：各基金官網。

財富自由的階梯

圖表 6-26　4 檔美國綜合債券 ETF

中文	英文	代號	總管理費用	殖利率（股息收益率）
Vanguard 總體債券市場 ETF	Vanguard Total Bond Market ETF	BND	0.03%	3.74%
iShares 美國核心綜合債券 ETF	iShares Core US Aggregate Bond ETF	AGG	0.03%	3.81%
Vanguard 總體國際債券 ETF	Vanguard Total International Bond ETF	BNDX	0.07%	4.26%
Vanguard 全世界債券 ETF	Vanguard Total World Bond ETF	BNDW	0.05%	3.99%

券，以及到期年限在 1 年以上的債券。BND 與 AGG 每年收費都是 0.03％，不過在規模、信用評等，及持有債券數量等方面，BND 較佳；交易量則是 AGG 較高。

從債券持有的涵蓋性來看，BND 會比 AGG 好，BND 總共持有 1 萬 7,000 支債券，對比 AGG 僅有 1 萬 2,000 支，**BND 能夠替你買齊更多指數成分的證券，更能反映美國投資級債券市場的變動。**

至於 Vanguard 總體國際債券 ETF（BNDX），則成立於 2013 年 5 月 31 日，追蹤的指數是 Bloomberg Global Aggregate ex-USD Float Adjusted RIC Capped Index（USD Hedged）（按：該指數囊括了全球各政府、政府機構與公司所發行的非美元計價投資級債券），名字長到不行，不過我們看看最後面的「USD Hedged」，

第六章　通膨時，投資什麼最保值？ETF

成立日期	規模（新臺幣）	每日平均交易量（3個月）（股）	平均存續年數	平均到期年數	平均信用評級
2007/4/3	10,549,335,283,126	2.94%	5.80	8.20	AA
2003/9/22	3,751,867,080,778	3.24%	5.82	8.26	AA-
2013/5/31	3,118,291,713,101	2.82%	7.05	8.80	A+
2018/9/4	37,397,615,066	2.74%	6.41	8.49	AA-

資料來源：晨星、各基金官網。

即可知道該指數採用匯率避險策略來防範匯率的不確定性，**降低非美元貨幣與美元間匯率變動對債券報酬的影響**，因此不會有分散持有各主要貨幣的效果。

BNDX 的債券組成集中在歐洲和亞太地區，分別是：歐洲 57.56%、亞太 19.64%、北美 10.01%、新興市場 7.02%、其他 5.39%、中東 0.38%，持有投資級國際政府公債、機構債，以及公司債的 ETF。

把投資美國整體債券的 BND 和投資除美整體債券的 BNDX 合起來，就成了 Vanguard 全世界債券 ETF（BNDW），投資全球債券。此 ETF 成立於 2018 年 9 月 4 日，比其他 3 支 ETF 晚很多。

BNDW 投資全球投資級債券市場，追蹤指數為彭博全球

浮動匯率綜合指數（Bloomberg Global Aggregate Float Adjusted Composite Index），總管理費用為 0.05%。

另外，BNDW 採用獨特的「ETF 持有 ETF」結構，同時持有全球短、中、長期的債券（見圖表 6-27），能替投資組合帶來足夠分散的現金流。

在持股比例上，BNDW 持有 50.69% 的 BND，另外 49.31% 則為 BNDX，投資區域以歐美為主，前幾大市場有美國、日本、法國、德國、英國、加拿大、義大利、西班牙。

雖然 BNDW 可以讓你一次持有全球的政府債以及公司債，不過要注意的是，**BNDW 在信用評級的風險會比純公債來得高。**

圖表 6-27　美國綜合債券 ETF 的組成

到期年數組成	BND	AGG	BNDX	BNDW
1-3 年	22.72%	20.75%	21.54%	22.20%
3-5 年	17.14%	16.78%	20.08%	18.42%
5-7 年	11.22%	9.67%	13.87%	12.35%
7-10 年	9.48%	9.30%	17.05%	12.81%
10-15 年	3.87%	4.20%	9.39%	6.47%
15-20 年	6.89%	5.81%	6.93%	6.96%
20-30 年	27.50%	30.78%	8.85%	18.58%
超過 30 年	1.12%	1.00%	2.19%	1.61%

資料來源：晨星、各基金官網。

第六章　通膨時，投資什麼最保值？ETF

圖表 6-28　美國綜合債券 ETF 的歷史報酬率

年度 \ 代號	BND	AGG	BNDX	BNDW
2005	2.40%	2.16%	—	—
2006	4.27%	4.13%	—	—
2007	6.97%	6.57%	—	—
2008	5.18%	5.88%	—	—
2009	6.03%	5.14%	—	—
2010	6.51%	6.30%	—	—
2011	7.71%	7.58%	—	—
2012	4.04%	4.04%	—	—
2013	-2.14%	-2.15%	—	—
2014	5.96%	6.04%	8.83%	—
2015	0.39%	0.48%	1.08%	—
2016	2.57%	2.56%	4.67%	—
2017	3.62%	3.53%	2.40%	—
2018	-0.04%	-0.05%	2.94%	—
2019	8.71%	8.68%	7.88%	8.35%
2020	7.71%	7.42%	4.60%	6.22%
2021	-1.66%	-1.67%	-2.20%	-2.06%
2022	-13.15%	-13.06%	-12.89%	-12.92%
2023	5.70%	5.59%	8.90%	7.19%
2024	1.34%	1.37%	3.68%	2.44%

資料來源：晨星、各基金官網。

財富自由的階梯

上頁圖表 6-28 是綜合債券 ETF 歷年的報酬，你可以發現報酬率雖然沒有股市那麼有爆發力，會讓你一次賺很多，但相對的下跌幅度也不會很大。債券報酬主要受到利率變動影響，其次是市場供需、信用利差、經濟預期，以及貨幣政策走向等因素。自 2022 年初以來，為了抑制高漲的通貨膨脹，美國聯準會（聯邦準備理事會〔Federal Reserve Board of Governors〕，簡稱 The Fed，是美國中央銀行體系的主管機關）已累計升息 11 次，合計升幅達 21 碼（即 525 個基點），將聯邦基金利率推升至 5.25% 至 5.50% 區間，創下自 2007 年 8 月以來的最高水準。

在這段激烈升息的期間，整體債券市場一度出現約 12% 至 13% 的跌幅。然而，值得注意的是，儘管升息幅度達 5%，但以存續期間約為 5 年至 7 年的總體債券 ETF 來看，實際跌幅遠低於理

圖表 6-29　2 檔國際政府公債 ETF

中文	英文	代號	總管理費用	殖利率（股息收益率）	成立日期
iShares 國際政府債券 ETF	iShares International Treasury Bond ETF	IGOV	0.35%	0.54%	2009/1/21
SPDR 彭博 國際政府債券 ETF	SPDR Bloomberg International Treasury Bond ETF	BWX	0.35%	1.70%	2007/10/2

論上預估的 25% 至 35%。更重要的是，利率回升後，投資人如今可望重新從債券中獲得年化 3% 至 4% 的收益，債券在資產配置中的吸引力也隨之回升。

降低單一市場風險，買國際政府公債 ETF

全球投資等級的債券市場（即國際政府公債 ETF，見圖表 6-29），可以讓你接觸到更多市場。

根據先鋒集團研究，全球配置債券可以降低單一市場的特殊風險因素，並降低單一市場可能面臨的利率、通膨、景氣循環等市場風險；理論上，債券組合的多元性能在不損害總報酬的情形下，降低投資組合的波動。

規模 （新臺幣）	每日平均交易量 （3 個月）（股）	平均存續年數	平均到期年數	平均信用評級	債券持股總數（長倉）
34,502,344,259	560,963	7.78	9.67	AA-	886
44,247,624,852	1,084,156	7.85	9.69	A+	1,324

資料來源：晨星、各基金官網。

財富自由的階梯

　　SPDR 彭博國際政府債券 ETF（BWX）成立於 2007 年 10 月 2 日，是投資國際政府債券的 ETF，總管理費用為 0.35％；追蹤彭博全球公債除美指數（Bloomberg Global Treasury Ex-US Capped Index），指數包含當地貨幣計價的美國以外投資級政府公債。

　　另一個投資國際政府公債的選擇，是 iShares 發行的 iShares 國際政府債券 ETF（IGOV），成立於 2009 年 1 月 21 日。

　　此 ETF 的追蹤指數為 FTSE World Government Bond Index-Developed Markets Capped（USD），至於總管理費用，則與 BWX 一樣是 0.35％。

　　雖然 BWX 和 IGOV 的組成很類似（見圖表 6-30，各區間到期年數的比例都差不多），但前者持有債券數量為 1,324 支，後者則

圖表 6-30　國際政府公債 ETF 的組成

到期年數組成	BWX	IGOV
1-3 年	20.02%	19.45%
3-5 年	18.78%	17.76%
5-7 年	12.57%	12.77%
7-10 年	18.35%	18.30%
10-15 年	9.35%	10.89%
15-20 年	7.60%	8.30%
20-30 年	10.55%	9.72%
超過 30 年	2.59%	2.42%

資料來源：晨星、各基金官網。

為 886 支。從持有債券的數量以及規模來看,BWX 是比較好的選擇;不過以平均信用評級、波動性來看的話,IGOV(AA-)又比 BWX(A+)來得更好一些(歷史報酬率見圖表 6-31)。

圖表 6-31　國際政府公債 ETF 的歷史報酬率

年度 \ 代號	BWX	IGOV
2008	4.41%	未成立
2009	6.51%	未成立
2010	4.13%	1.23%
2011	3.60%	-0.27%
2012	5.85%	7.40%
2013	-3.66%	-1.56%
2014	-2.49%	-2.43%
2015	-6.99%	-6.89%
2016	1.03%	1.23%
2017	10.15%	10.95%
2018	-2.26%	-2.68%
2019	5.64%	4.12%
2020	9.74%	10.63%
2021	-9.01%	-9.24%
2022	-19.67%	-22.09%
2023	5.73%	5.63%
2024	-6.34%	-6.41%

資料來源:晨星、各基金官網。

財富自由的階梯

初次投資的新手，若對股市還不是這麼熟悉，從債券開始也是不錯的起手式。由於 2022 年升息過後，投資者可以重新從債券獲得不錯的收益。除了政府公債以外，也可以考慮從台股的公司債開始投資，如果願意承擔一點信用風險（相對於政府發行的公債），可以獲得較高投資收益。以 2025 年當前的市價來看，殖利率大約可達到 6% 至 8%，算是非常不錯。

此外，隨著年齡漸長，買房、生小孩等人生階段到來，許多人開始面臨增加收入與現金流的需求。雖然現金流可以藉由賣出股票創造，但在人性上難以克服，也不知道該賣多少，此時固定收益資產就可以派上用場。

圖表 6-32　5 檔台股公司債

名稱	代號	總管理費用	殖利率（股息收益率）
國泰 10 年期（以上）BBB 美元息收公司債券基金	00725B	0.38%	8.03%
群益 ESG 20 年期以上 BBB 投資等級公司債 ETF	00937B	0.26%	7.06%
富邦彭博 10 年期（以上）BBB 美元息收公司債券 ETF 基金	00740B	0.31%	6.68%
元大 20 年期以上 BBB 級美元公司債券 ETF 基金	00720B	0.39%	6.57%
元大 20 年期以上 AAA 至 A 級美元公司債券 ETF 基金	00751B	0.25%	6.14%

第六章　通膨時，投資什麼最保值？ETF

　　固定收益資產的好處在於，報酬相對可以預期，對於需要提領收益，同時又希望自己的報酬有較高的確定性，我認為公司債是現階段可考慮的工具（見圖表 6-32）。但需要留意的是，如果沒有將收益再投資，資產就無法持續成長，因此投資時仍應該要以總報酬為考量，而非優先考慮現金流。

　　雖然公司債 ETF 殖利率較高，但在金融領域，凡是獲得收益，一定得付出代價。從到期日的資料來看，台股的公司債都是以長天期的公司債券為主，20 年期以上的占比都在 70% 以上（見下頁圖表 6-33）。這樣的特性會讓 ETF 對利率變動影響很敏感，以 2022 年為例，下跌的程度跟股票很接近，投資前應留意仍是要以

成立日期	規模（新臺幣）	配息頻率	每日平均交易量（3 個月）（股）
2018/1/29	116,104,837,314	季配	11,332,190
2023/11/27	223,375,172,796	月配	100,301,841
2018/5/30	59,756,314,225	月配	4,893,587
2018/1/19	126,668,707,748	季配	12,145,571
2018/9/20	138,062,700,118	季配	11,466,651

資料來源：各基金官網。

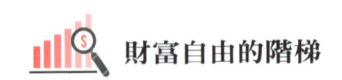

圖表 6-33　台股公司債券到期日分布

到期年數組成	00725B	00937B	00740B	00720B	00751B
1-3 年	-	-	-	-	-
3-5 年	-	-	-	-	-
5-7 年	-	-	-	-	-
7-10 年	0.17%	-	-	-	-
10-15 年	11.15%	-	7.36%	-	-
15-20 年	17.70%	16.28%	10.35%	14.67%	-
20-30 年	54.24%	61.09%	72.30%	76.68%	81.27%
超過 30 年	16.73%	22.63%	9.99%	8.65%	18.73%

資料來源：各基金官網。

長期投資為主。

從右頁圖表 6-34，可以看到這幾檔台股公司債的歷史報酬。綜合考量，我個人會以 00725B 這檔做為增加現金流的配置。

有些債券 ETF「我不建議」——高收益債 ETF

我們之所以要分散投資，目的是集合不同標的的優點：投資股票是為了資產成長機會（但是波動大），投資債券則是為了安全性（但是成長有限），利用股債組合可以彌補彼此的缺點，拿到兩者的優點。

第六章　通膨時，投資什麼最保值？ETF

圖表 6-34　台股公司債券歷史報酬率

代號 年度	00725B	00937B	00740B	00720B	00751B
2019	24.53%	—	26.01%	24.86%	20.68%
2020	4.96%	—	8.37%	7.96%	8.01%
2021	-0.85%	—	-1.39%	-2.77%	-5.95%
2022	-17.21%	—	-16.14%	-19.95%	-19.17%
2023	13.00%	—	12.41%	11.65%	8.26%
2024	5.73%	6.04%	6.46%	4.57%	1.15%

資料來源：各基金官網。

　　你可能會覺得，只要做好股債分配，那麼長期投資應該都能獲利吧？難不成會有毫無優點的投資標的嗎？還真的有！

　　這種標的既不提供股票增長，也不提供債券的安全性——它就是高收益債 ETF（見下頁圖表 6-35）。高收益債只是「看起來很好的投資」，其實它的波動比政府公債更大，替投資組合帶來的**防禦力低很多**，攻擊力也比股票小，而且信用評級甚低，英文直接用 Junk Bond 來形容，中文直譯為「垃圾債券」。

　　自 1983 年 7 月以來，彭博美國企業高收益債指數（Bloomberg U.S. Corporate High Yield Bond Index）的波動，是彭博美國綜合債券指數（Bloomberg U.S. Aggregate Bond Index）的 2 倍，但其

161

財富自由的階梯

圖表 6-35　4 檔高收益債 ETF（我並不建議！）

中文	英文	代號	總管理費用	殖利率（股息收益率）
iShares 0-5 年高收益公司債券 ETF	iShares 0-5 Year High Yield Corporate Bond ETF	SHYG	0.30%	7.10%
iShares iBoxx 高收益公司債券 ETF	iShares iBoxx $ High Yield Corporate Bond ETF	HYG	0.49%	5.81%
SPDR 彭博短期高收益債券 ETF	SPDR Bloomberg Short Term High Yield Bond ETF	SJNK	0.40%	7.42%
SPDR 彭博高收益債 ETF	SPDR Bloomberg High Yield Bond ETF	JNK	0.40%	6.62%

帶來的報酬，每年又落後標準普爾 500 指數 2.1%（見右頁圖表 6-36）。

綜合以上兩點，我並「**不建議**」將高收益債納入投資組合。

那麼，為什麼大家會喜歡高收益債？因為自 2008 年金融危機以來，聯準會的**低利率政策**使大家為了更高的殖利率，而追逐這些垃圾債券。

所幸，目前正處於有史以來最長的經濟擴張時期，這些債券的違約率才得以保持在較低水平，垃圾債券的價格才能保持穩定。

如果經濟繼續增長，聯準會最終將恢復（提高）短期利率，進一步擠壓高收益債與政府公債之間的收益差距，投資者將拋售高收益債；相反的，如果經濟陷入困境，高收益債的違約率將飆升，價

第六章　通膨時，投資什麼最保值？ETF

成立日期	規模（新臺幣）	每日平均交易量（3個月）（股）	平均存續年數	平均到期年數	平均信用評級	債券持股總數（長倉）
2013/10/15	190,785,006,272	2,051,405	2.23	3.27	B	1,150
2007/4/4	489,612,535,655	50,289,764	2.97	5.37	B+	1,266
2012/3/14	130,290,423,151	4,723,703	2.21	3.25	B	1,166
2007/11/28	227,508,506,256	5,354,655	3.12	4.82	B+	1,168

資料來源：晨星、各基金官網。

圖表6-36　高收益債既沒有股票般的成長，也不如債券安全

■ 1983年7月至2019年3月的年化報酬（%）　■ 標準偏差（%）

標普500指數
10.888
14.701

彭博美國高收益公司債指數
8.807
8.196

彭博美國綜合債券指數
7.011
4.183

獲利成長低，安全性又不高

資料來源：《華盛頓郵報》（The Washington Post）網站。

163

財富自由的階梯

格便隨之下跌。

投資的報酬包含資本利得以及利息收入，高收益帶來的高殖利率並不等於較高的資產成長，如果你追求的是資本累積，那麼建議使用基本的股債搭配就好；如果非要使用高收益債，你得知道這類型的波動會比公債高，收益卻不見得比股票好，只是**會得到看起來比較高的「現金流」（每月配息）**。

請記住，不要刻意追求現金流，因為現金流是可以被製造出來的，只要透過定期賣掉資產就能產生。

我的債券 ETF 投資順序，PG 推薦你 7 檔

即使投資債券 ETF 的風險比股票 ETF 小很多，但不同種類的債券 ETF，風險程度也有高有低。

例如，同樣是債券 ETF，依照**到期長短**可分為短期、中期、長期債券；依照**債券發行人**又可以分成政府公債 ETF 以及公司債 ETF。新興市場主權債雖然也是投資公債，但風險比已開發國家的公債來得更高。

債券 ETF 並非一定要選擇風險最低的，我們要了解，投資是因為承擔較高的風險，所以有機會得到較高的報酬，我們反而可以**視自己風險承受度，選擇「風險適中」的標的。**

而且除了投報率以外，也別忘了注意債券的存續期間，評估債券對利率的敏感度。

不過，債券存續期不能作為投資債券型基金時的唯一考量，還

第六章　通膨時，投資什麼最保值？ETF

要考量債券信用評級、債券類型、總管理費用等事項。我建議優先配置美國政府公債 ETF（見圖表 6-37），接著是信用評級高的其他政府公債，如此鞏固基本盤之後，再來考慮是否將公司債券納入投資組合。

> 債券型 ETF 投資順序：
> 美國政府公債→信用評級高的其他政府公債→公司債券

圖表 6-37　債券 ETF 推薦

分類	名稱	代號
美國短期公債 ETF	Vanguard 短期公債 ETF	VGSH
	iShares 1-3 年期美國公債 ETF	SHY
美國中期公債 ETF	Vanguard 中期公債 ETF	VGIT
	iShares 3-7 年期美國公債 ETF	IEI
	iShares 7-10 年期美國公債 ETF	IEF
美國長期公債 ETF	Vanguard 長期公債 ETF	VGLT
	iShares 20 年期以上美國公債 ETF	TLT

財富自由的階梯

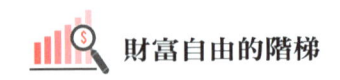

04

房地產 ETF：
成為全世界的包租公／婆

提到投資房子，你可能會認為需要大筆資金，如果沒有足夠的錢，怎麼在投資組合中配置房地產？這裡我要介紹一種工具，叫做不動產投資信託（Real Estate Investment Trust，簡稱 REIT，常用複數型 REITs 表示）ETF，也就是房地產 ETF。

簡單來說，股票型基金是把大家的錢聚集起來去買股票，而不動產投資信託，就是把大家的錢聚集起來去投資房產項目，**依據出多少錢來決定你可以占有多大比例。**

加強多元報酬，坐領分紅現金流

投資 REITs 的好處有三：

1. 足夠分散。
2. 穩定的租金收益。
3. 流動性強、轉手快。

第六章　通膨時，投資什麼最保值？ETF

你投資 REITs，可以持有各種地方、不同種類的物業，相當於**在房地產上做一個多元分散的投資組合**。一般來說，我們只會買自住型房產，頂多出租給別人或者是買地；而 REITs 還會持有像醫院、購物中心、酒店、廠房、倉庫這類一般人很難入主的物業，讓你獲得更多元的報酬，尤其是租金方面的收入。

租金是 REITs 的另外一個優點，由於房產投資的特殊性，很多國家的法律都規定，**REITs 每年盈利的 90％ 要強制分紅給投資者，且另有稅收上的優惠**。也就是說，投資 REITs 還可以期待比較穩定的分紅現金流。

流動性是 REITs 最後一個優勢。我們都知道，賣一套房快的話要兩、三個月，慢的話一、兩年都有可能，但是 REITs 隨時都可以買進賣出，就和買股票、基金一樣。

同樣是流動性強，**但 REITs 的漲跌和股票、債券相關性較低**，而我們建構投資組合的目的，就是為了**在一個資產大跌時，還有其他資產可能上漲**。所以，把和股票、債券相關性較低的 REITs 放入投資組合裡，也是很多聰明投資人的選擇。

在 2017 年的一篇論文中，幾位學者統計了全球主要發達國家房產的長期收益率，包含房子升值和房租收入。經過計算，不排除通膨因素的話，房產收益率基本在 8％ 至 10％，這個數值和股票相近。從波動和最大跌幅來看，房產和股票也很相近，不過房產的收益率會再稍高一些。

綜上所述可以知道，小資族買不起房沒關係，還是能將房地產 ETF 納入投資組合，而且交易成本跟門檻更低，不用存到幾百萬元

財富自由的階梯

也能投資房地產,若是投資涵蓋範圍夠大且遍及全球,形同向全世界收取租金!

想投資 Vanguard 的房地產 ETF（見圖表 6-38）的話,可選 Vanguard 房地產 ETF（VNQ）搭配 Vanguard 全球不含美國房地產 ETF（VNQI）,這兩支不動產投資信託 ETF 結合起來,可以讓我們參與全球的房市成長,變成全世界的包租公／婆。

圖表 6-38　5 檔房地產 ETF

中文	英文	代號	總管理費用	12個月殖利率
Vanguard 房地產 ETF	Vanguard Real Estate ETF	VNQ	0.13%	4.07%
Dimensional 美國房地產主動型 ETF	Dimensional US Real Estate ETF	DFAR	0.19%	2.83%
Vanguard 全球不含美國房地產 ETF	Vanguard Global ex-U.S. Real Estate ETF	VNQI	0.12%	4.62%
Dimensional 全球房地產主動型 ETF	Dimensional Global Real Estate ETF	DFGR	0.22%	3.56%
iShares 全球不動產投資信託 ETF	iShares Global REIT ETF	REET	0.14%	3.48%

第六章　通膨時，投資什麼最保值？ETF

　　VNQ 追蹤的是 MSCI 美國可投資市場房地產 25/50 指數（MSCI US Investable Market Real Estate 25/50 Index），總管理費用為 0.13%；VNQI 追蹤標普全球除美不動產指數（S&P Global ex-U.S. Property Index），總管理費用則為 0.12%。

　　若希望只用一檔 ETF，可以選 iShares 全球不動產投資信託 ETF（REET）投資全球房地產；REET 追蹤富時歐洲／美國不動產

成立日期	規模（百萬美元）	每日平均交易量（3 個月）（股）	簡介
2004/9/23	6,357	3,391,720	主要投資於美國不動產投資信託
2022/2/23	134	268,254	採用因子投資策略，分別聚焦美國房地產
2010/11/1	351	329,730	投資香港、日本、澳洲、英國、德國、新加坡、法國、荷蘭、加拿大、瑞典等地房地產
2022/12/6	252	314,740	聚焦於全球房地產市場，並結合 Dimensional 的因子投資策略
2014/7/8	393	726,430	持有美國、日本、澳洲、英國、法國、加拿大、香港、新加坡、南非、比利時等地房地產

資料來源：晨星、各基金官網。

財富自由的階梯

協會全球房地產投資信託指數（FTSE EPRA/NAREIT Global REIT Index），總管理費用為 0.14％。

這 3 支房地產 ETF 持股分布見圖表 6-39，而透過右頁圖表 6-40 的歷史報酬率，你可以看出房地產 ETF 的報酬其實相當不錯，以 VNQ 為例，近 15 年的報酬年化報酬率也達 8.19％，標準差為 17.29％（截至 2025 年 5 月 31 日）。

圖表 6-39　房地產 ETF 的持股分布

	VNQ	VNQI	REET
商業房地產投資信託	40.75%	48.21%	55.25%
專業房地產投資信託基金	33.52%	29.09%	19.33%
住宅房地產投資信託	12.66%	4.05%	13.91%
房地產服務	2.75%	3.05%	-
企業金融服務	2.02%	2.45%	-
廣告與營銷	0.90%	2.06%	-
房地產開發和運營	0.65%	0.32%	1.67%
多元化的 REIT	0.17%	0.29%	2.99%
陸運和物流	0.03%	0.19%	-
釣魚與農業	0.02%	0.18%	-

註：其中有少部分是現金，數字會持續變動，所以相加不會剛好 100%。

資料來源：晨星、各基金官網。

第六章　通膨時，投資什麼最保值？ETF

圖表 6-40　房地產 ETF 的歷史報酬率

代號 年度	VNQ	DFAR	VNQI	DFGR	REET
2002	3.75%	—	—	—	—
2003	35.65%	—	—	—	—
2004	30.69%	—	—	—	—
2005	12.00%	—	—	—	—
2006	35.20%	—	—	—	—
2007	-16.38%	—	—	—	—
2008	-36.98%	—	—	—	—
2009	29.76%	—	—	—	—
2010	28.44%	—	—	—	—
2011	8.62%	—	-16.56%	—	—
2012	17.67%	—	41.59%	—	—
2013	2.42%	—	3.34%	—	—
2014	30.29%	—	2.64%	—	—
2015	2.37%	—	-1.33%	—	0.24%
2016	8.53%	—	1.76%	—	6.19%
2017	4.95%	—	26.52%	—	7.58%
2018	-5.95%	—	-9.48%	—	-4.89%
2019	28.91%	—	21.26%	—	23.89%
2020	-4.72%	—	-6.87%	—	-10.59%
2021	40.38%	—	5.64%	—	32.25%
2022	-26.20%	—	-22.48%	—	-23.92%
2023	11.75%	11.02%	6.40%	9.64%	10.43%
2024	4.92%	5.31%	-2.48%	1.92%	2.40%

資料來源：晨星、各基金官網。

171

財富自由的階梯

我推薦的 2 檔房地產 ETF

REITs 是將不動產證券化來募集資金，以獲得不動產投資標的所有權；而證券的主要收入來源就是租金，這意味著你不用準備幾百萬元頭期款，只要買進 REITs ETF，一樣可以擁有房地產、領取固定收益，變成包租公或包租婆。

REITs 起源於 1960 年的美國，主要是藉著把不動產證券化，讓許多投資人一起集資參與。

這種投資方式的優點是，即使投資人沒有龐大資本，也能參與不動產市場，獲得不動產市場交易、租金與增值所帶來的獲利，同時**又不需要實質持有不動產標的，也不用負責管理物業**，並可在證券市場交易，因此市場流通性優於不動產。

由於主要收入來自租金，REITs ETF 的收益較為穩定，而信託也必須分配絕大部分的盈餘，因此這類型的 ETF 殖利率會高於市面上股票的平均殖利率（注意！殖利率高不代表總報酬就高）。

若是以費用和規模來看的話，圖表 6-41 這兩者都是很不錯的標的。

需要注意的是，假如我們已經利用 ETF 投資一個廣泛分散市場，這部分 ETF 本身即會投資到房地產公司，所以額外投資 REITs ETF 時要注意比例上的配置，以免重複曝險。

以投資美股的 VTI 來說，這一檔本身已有 4% 的資產就投資於房地產，如果投資 100 萬元至全球股市，事實上就相當於投資 4 萬元到房地產上。

圖表 6-41　房地產 ETF 推薦

分類	名稱	代號
房地產 ETF	Vanguard 房地產 ETF	VNQ
	Vanguard 全球不含美國房地產 ETF	VNQI

財富自由的階梯

05

除了投資 ETF，
或許你該考慮 ETF 連結基金

　　過去，基金因為成本偏高而為人詬病，有許多投資人因此轉而投資 ETF，但基金投資仍有不少優點，比如在許多平臺中，基金申購轉換免手續費、能設定停損、停利及低檔加碼功能，且基金是每天結算一次。

　　對於偏好投資基金的人，若是也想以較低的投資成本投資指數，我認為某些 ETF 連結基金，比 ETF 更值得優先考慮。

　　所謂的 ETF 連結基金，是指該基金將 90% 以上的資金，投資於某一檔 ETF。目前國內投資市場上，共有 5 檔 ETF 連結型基金可供投資人選擇，包括：0050 連結基金、元大台灣高股息 ETF 連結基金（0056 連結基金）、元大富櫃 50 ETF 連結基金（006201 連結基金）、元大台灣高股息低波動 ETF 連結基金（00713 連結基金），以及元大台灣 ESG 永續 ETF 連結基金（00850 連結基金）。右頁圖表 6-42 為 ETF 連結型基金與 ETF 的差異比較。

　　比起在券商投資 0050 ETF，我更偏好在基金平臺購買 0050 累積型的連結基金。以我為例，我是在「鉅亨買基金」平臺進行申

第六章　通膨時，投資什麼最保值？ETF

圖表 6-42　ETF 連結基金和 ETF 的比較

	ETF 連結基金	ETF
投資標的	90% 資金投資在連結的 ETF	投資指數成分股
價格	每天只有一個淨值	盤中價格會波動
配息	可選配息型或累積型	依 ETF 規定配息頻率或不配息
申購管道	銀行、投信、基金平臺	證券商
交易時間	24 小時	上午 9 點到下午 1 點
交割時間	T＋1／3 日（營業日）（買／賣交割日數不同）	T＋2 日（營業日）
是否可定期定額	是	是（僅部分券商辦理，且購買日受限，僅少數券商可選擇台股股息再自動投入）

購，這個平臺無須支付交易手續費，對於想累積資產的投資人來說，選擇累積型基金會更合適，不僅能將收益再投入，還能避開股息稅。

如果你也和我一樣，正在考慮增加投資的現金流，鉅亨買提供的「自動 Pay」功能會是不錯的選擇。這個功能可以定期自動賣出持有的基金，轉換成現金使用。唯一的小缺點是，首次申購金額需達新臺幣 10 萬元以上。

舉例來說，假設你有 200 萬元，設定每年提領 4%，就能創造

財富自由的階梯

出每年約 8 萬元（2,000,000×4％＝80,000）、平均每個月 6,667 元（80,000÷12≒6,667）的現金流。這筆錢可以用來支付貸款，或作為其他支出的補充來源。

未來，市場上若出現更多低成本的基金，ETF 連結基金也會是個不錯的替代品，可以當作指數型基金的另一種配置工具。

第七章

選標的不用燒腦，教你如何選 ETF

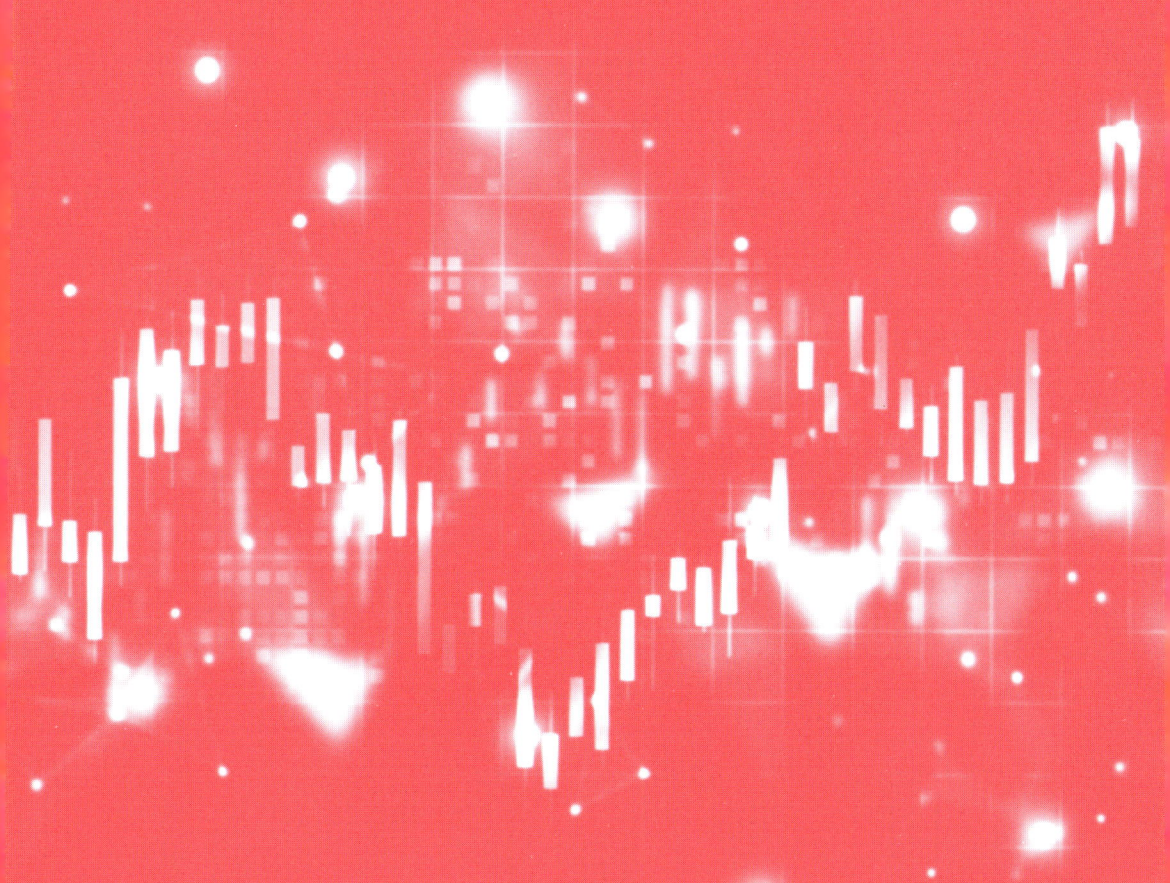

財富自由的階梯

01

你一定要認識的 4 家發行公司

　　ETF 是近幾年的熱門金融產品，在發行公司中，除了市場占有率合計高達 73％ 的貝萊德（BlackRock）、先鋒集團，以及道富環球投資管理（State Street Global Advisors，簡稱 SSGA）以外（見右頁圖表 7-1），德明信基金（Dimensional Fund Advisors，簡稱 DFA）也值得我們注意。雖然 DFA 的市占率不高（約 1.74％），但在 ETF 投資觀念與資產配置上，卻能帶給我們非常多見解。

貝萊德：全球最大資產管理集團

　　貝萊德是目前**全球最大的資產管理集團**，管理資產規模在 2024 年 12 月底達到 11 兆 6,000 億美元，聘用超過 2 萬名員工，在股票、固定收益、現金管理、替代性投資、不動產諮詢策略等領域中，為全球許多大型企業、養老金、慈善基金、公共機構，以及數百萬的個人投資人，提供投資管理服務。

　　貝萊德於 1988 年，由勞倫斯・芬克（Laurence Fink）在只

第七章　選標的不用燒腦，教你如何選 ETF

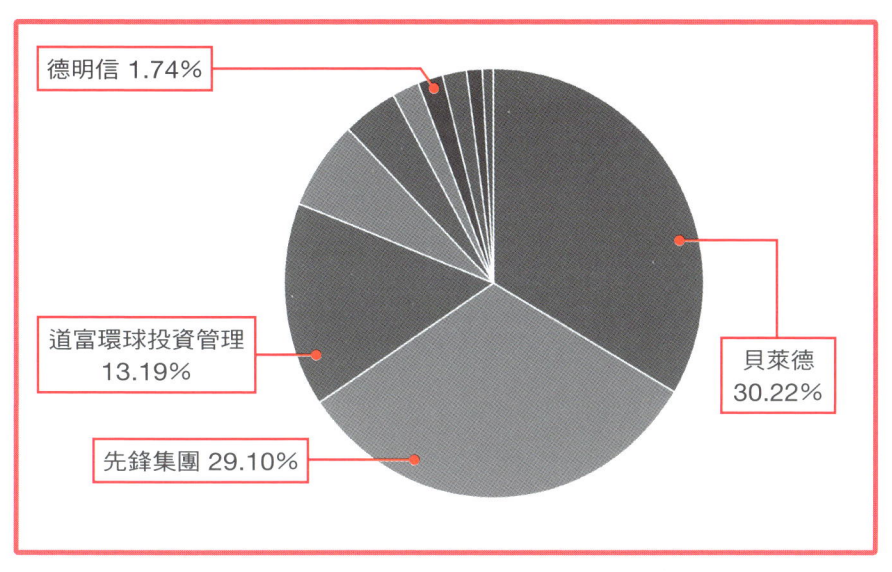

圖表 7-1　ETF 市場 4 家關鍵發行商市占率

- 德明信 1.74%
- 道富環球投資管理 13.19%
- 先鋒集團 29.10%
- 貝萊德 30.22%

資料來源：推特帳號 @NateGeraci。

有一個房間的辦公室創立，當時創業團隊管理的，是黑石集團（Blackstone）旗下專注於固定收益的一個投資部門。

1992 年，團隊從黑石集團獨立後正式更名為「貝萊德」，截至該年年末，公司管理資產規模達 170 億美元；1994 年底，管理資產規模更進一步成長至 530 億美元。

2009 年 6 月 12 日，貝萊德以 135 億美元的價格，**收購巴克萊銀行**（Barclays，按：英國最古老的銀行，其歷史可追溯到 1690 年）**的資產管理部門**──巴克萊國際投資管理（Barclays Global Investors，BGI）。BGI 以買賣追蹤指數產品聞名，其旗下的安碩（iShares）在美國 ETF 市場的占有率接近 5 成。

財富自由的階梯

兩家公司完成合併後，躍升為全球最大資產管理公司，總管理資產近 3.19 兆美元。**合併後的新公司名稱為貝萊德，並同時繼續保有安碩。**

安碩如今既是貝萊德旗下的 ETF 發行商，也是全球最大的 ETF 供應商，提供多元的 ETF 商品，截至 2023 年安碩在全球發行了超過 1,400 支 ETF，是資產管理規模超過 3 兆 3,000 億美元的 ETF 供應商。

先鋒集團：提供最低成本的投資工具

1975 年，約翰‧柏格創立了先鋒集團（其前身威靈頓基金〔Wellington funds〕則是於 1929 年成立），是**目前世界上第二大資產管理公司**。至於 Vanguard 一詞，源自 18 世紀英國海軍將領霍雷肖‧納爾遜（Horatio Nelson）在尼羅河戰役中的旗艦「HMS Vanguard」號。

先鋒集團對於指數化投資的貢獻意義非凡，也引領指數型基金的發展，並於 1976 年推出服務散戶的首支公募指數型基金。

在一般的基金公司架構中，基金公司管理階層必須向公司股東負責，其次才向基金持有人負責；先鋒集團則利用一個獨特、獨創的制度，來保護基金持有人的利益，透過此種制度，先鋒集團將基金持有人的利益與公司股東利益綁在一起。

先鋒集團設計讓基金資產收購了基金公司股東的股份，集團由其在美國發行的基金所擁有，讓基金持有人成為基金的股東──

第七章 選標的不用燒腦，教你如何選ETF

換個方式說，買先鋒的基金就成為公司股東，而買其他基金公司（如安碩）的基金，你並不會成為該公司的股東——公司依照成本經營，只為基金持有人服務，也沒有設計管理費的概念，更盡量避免將預算使用在廣告與促銷，這個制度為投資者帶來絕大的成本優勢。

先鋒集團的平均費用率從1975年的0.65％降到1990年的0.35％。而截至2024年底，整體基金平均費用率為0.07％，遠低於業界平均的0.44％。

柏格認為**先鋒集團的低成本**，並不是因為減少員工的薪資，而是**來自先鋒集團特有的組織形式、投資顧問及市場經營策略**。當公司管理資產增加，先鋒集團常常進一步調降管理費用，除了能吸引更多人投資之外，亦有助於提升投資人的績效，而表現較好的報酬又進一步成為增產增長的主要原因，如此形成一個正向循環。

道富環球投資管理：旗下SPDR成立首支ETF

道富環球投資管理是美國道富集團（State Street Corporation）的投資管理部門，也是全球第三大資產管理公司，於2010年3月31日，管理資產達到1兆9,000億美元；截至2025年3月31日止，管理資產更達4兆6,700億美元。

道富集團於1792年成立，以美國波士頓為基地，是一家銀行控股公司，其股票以代號STT在紐約證券交易所掛牌買賣；道富環球投資管理於1978年成立，專注在創新的數量化投資服務，以

精密化和電腦化為其投資策略的設計基礎。

道富環球投資管理已成為香港主要投資經理人之一，除了業務拓展、為日本以外的亞洲客戶提供投資組織者及客戶服務外，**香港分行更設有交易部**，**負責**道富環球投資管理在**亞太區的股票買賣活動**。作為全面的投資中心，道富環球投資管理亞洲有限公司以主動式、增強式及被動式等不同管理方法，為客戶提供廣泛的投資方案，包括平穩至進取的策略。

道富環球投資管理是美國道富公司的投資管理業務，而 **SPDR ETFs 是道富環球投資旗下的交易所買賣基金系列，其中 SPDR 標普 500 指數ETF（SPY）是世界首支 ETF**。道富環球投資管理的成功，基於其務實的商業策略、優質的管理方式和完美無瑕的實施方略；有別於其他機構，道富環球投資管理增長的關鍵並非收購，而是積極拓展業務和開發優質資產管理服務。

德明信：讓三因子決定你的股票報酬

談到被動式基金，先鋒與 DFA 是這領域中最著名的兩家基金公司。除了屬於被動式操作，還擁有低費用（管理費、手續費）的特性，且長期下有高於平均的投資報酬率。

DFA 於 1981 年由大衛・布斯（David G. Booth）成立，創始董事為效率市場之父尤金・法馬和指數型基金先驅約翰・麥克奎恩（John McQuown），成立後連續 35 年保持資金淨流入，資產規模截至 2023 年底已達 6,770 億美元。

第七章　選標的不用燒腦，教你如何選 ETF

　　DFA 是一家深受學術研究啟發的資產管理公司，尤其以因子投資（factor investing）策略聞名。它結合了指數投資的精神，卻不單純追蹤市場指數，而是透過市值規模（size）與價值（value）等因子篩選投資標的，藉由系統化方法長期捕捉風險溢酬。

　　與依賴主觀判斷的主動型基金不同，DFA 強調根據因子模型進行投資組合調整，採取類指數化的操作，在維持效率的同時保有一定靈活度。

　　公司長年低調，不投入大量行銷預算，也不支付銷售佣金，卻能在四十餘年後成為全球重要的主動型 ETF 發行商，涵蓋多元股票與債券市場，透過分散化策略實現風險與報酬的平衡。

　　DFA 的投資理念建構於尤金・法馬提出的「效率市場假說」，並進一步透過因子研究尋求更細緻的報酬來源。其團隊陣容堅強，包括多位諾貝爾經濟學獎得主與提名者，如經濟學家勞勃・莫頓（Robert Merton）、默頓・米勒（Merton Miller）、麥倫・休斯（Myron Scholes）等，為其研究與實務應用提供強大後盾。

　　因子投資的概念，最早可追朔至 1993 年，由尤金・法馬與肯尼斯・弗倫奇所提出的三因子模型，指出超過 9 成的股票報酬可由市場風險、市值規模與價值這三個因子解釋，進而掀起廣泛關注。尤金・法馬的學生，亦是 DFA 創辦人大衛・布斯將這套理論首度應用於基金實務，進而發展出今日以五大因子為核心的投資架構，包括股票市場中的價值、規模與獲利能力，以及債券市場中的到期期限與信用評等。

　　儘管 DFA 常被歸類為「被動投資」或「因子投資」，但公司

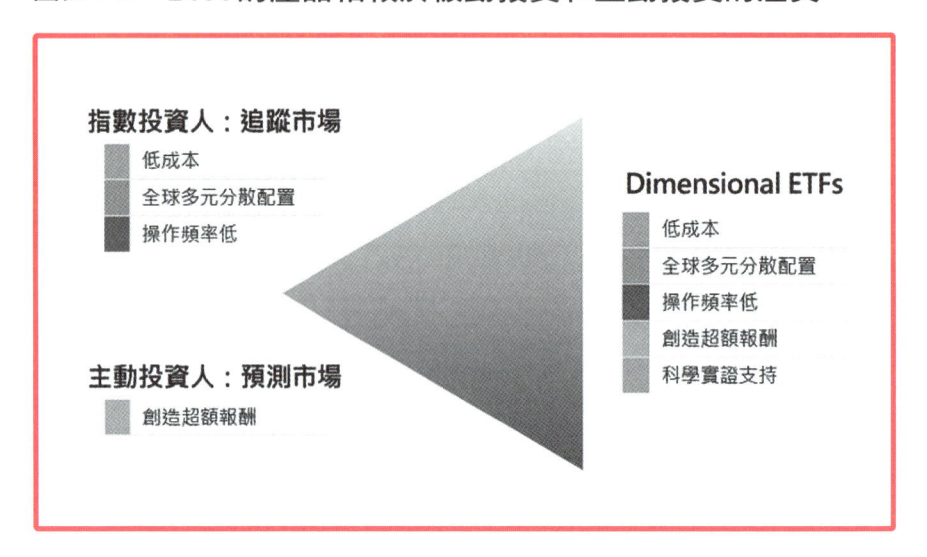

圖表 7-2　DFA 的產品相較於被動投資和主動投資的差異

更傾向稱其為「系統性投資」（Systematic Investing）：以低成本方式執行經實證驗證的投資策略，並在設計上修正傳統指數投資的某些缺點。其策略特色如下：

- **偏離純指數複製**：DFA 不盲目複製市場指數，而是根據學術研究調整權重，對小型股、價值股與高獲利能力股票給予更高配置。
- **控制成本**：雖費用率略高於純指數基金，但仍顯著低於傳統主動型基金，並透過降低交易頻率與精簡結構控制成本。
- **動態調整**：投資組合會依據市場條件與研究成果進行規則式調整，非依賴主觀判斷。

第七章　選標的不用燒腦，教你如何選 ETF

　　DFA 始終堅持長期、全球分散的投資原則，認為市場短期波動難以預測，應避免追求短期績效。過去，DFA 產品多透過財務顧問販售，避免投資人缺乏足夠教育就投入市場。為因應新需求，DFA 於 2020 年開始發行 ETF，並在隔年將 6 檔總資產近 370 億美元的共同基金轉換為 ETF，成為市場首批大規模轉換的案例，也帶動後續基金公司效仿。

財富自由的階梯

02

PG 給 ETF 新手的 6 個叮嚀

投資要有效率，才能穩穩的把錢賺進口袋裡。不過事事都有「眉角」，投資 ETF 當然也有，只要一沒注意到，形同讓口袋破個洞卻不自知，放任本該拿到的獲利悄悄的流走。

這些關鍵包括：總開銷、指數追蹤績效、資產規模、成交量與流動性、成立時間、市場領先地位，樣樣不可少！

1. 總開銷：迴避高成本 ETF。

以投資**美股**交易的 ETF 來說，總開銷費用建議**小於 0.3%**，如此一來才能降低成本拖累，挑選原則是**兼顧資產規模、指數追蹤能力後越低越好**，如果有隨著總資產規模上升持續調降成本的紀錄，那就更好了！以台股 ETF 來說，費用能**低於 1% 就算是勉強及格，最好還是低於 0.5%**。

如果我們投資原本利息收益有 8% 的基金，而基金收取的成本為 1.5%，那麼投資人到手的實質利率就只剩 6.5%；如果年度獲利是 5%，基金收取 2% 費用，那麼投資人到手的只剩 3%。從這裡

第七章　選標的不用燒腦，教你如何選 ETF

應該可以深刻體會到，成本一事不可不慎了吧！

那麼節省購買基金的花費，實際該怎麼做？我們可以選擇手續費優惠的券商，或是利用免手續費方案，購買 ETF 來降低一次性的投資成本，接著選擇總開銷費用低以及追蹤成效良好的 ETF，控管每年的投資成本。

如果想利用國內券商投資美股或是英股交易的 ETF，複委託開戶前請先找到有提供下單優惠的券商，盡量取得優惠，避免直接使用牌告費率。

使用海外券商的朋友，可以依照自己的投資方式，選擇不同的券商，目前除了盈透證券（Interactive Brokers）外，第一證券（Firstrade）、嘉信理財（Charles Schwab）在網路上下單投資股票、ETF，都不用負擔手續費。

再來，我們可以購買低成本的指數型共同基金，這類型的費用通常比經理人選股的主動式共同基金低；或者，可以購買追蹤市場指數的 ETF，臺灣常見的發行公司是元大投信，提供投資人國內規模最大的 ETF 商品，例如 0050。

國外常見的發行公司是貝萊德資產管理公司旗下的 iShares 系列、道富環球投資管理的 SPDR 系列，以及先鋒集團的 ETF。

若想知道自己付出何種費用，我們可以到基金公司的公開說明書、官方網站簡介查詢。

2. 指數追蹤績效：避免拿不到該有的報酬。

ETF 好壞的指標之一是指數追蹤能力，兩項評估指標分

財富自由的階梯

別為**追蹤偏離度**（tracking difference）與**追蹤誤差**（tracking error）。前者可至各發行公司官網，查詢每年的淨值績效（Total return by NAV）和指數表現來評估；後者可至 MoneyDJ 理財網「ETF→ETF 排行→風險排行→追蹤誤差排行」查詢。

ETF 追蹤偏離度指的是，在相同的投資期間內，ETF 報酬與其追蹤指標報酬的差異，也就是我們直覺計算出的標的指數報酬與 ETF 報酬之間的差距。

ETF 追蹤誤差則是反映在投資期間，一檔 ETF 走勢與其基準指數的相近程度，是相對報酬的標準差，在計算上必須先算出追蹤偏離度，再利用標準差的概念計算追蹤誤差。

舉例來說，假設指數報酬是 5.72％，那麼 ETF 的報酬最好也是 5.72％，但 ETF 的實質報酬可能是 5.68％，這之間就存在著 0.04％ 的追蹤偏離度（落後大盤 0.04％）。

既然 ETF 透過各種方式來追蹤某一個指數，目標是貼近指數報酬，那麼最佳狀況當然是完全等於指數報酬。不過這種事可遇不可求，投資沒有天天在過年的；都說是「貼近」了，自然會產生追蹤誤差，因此我們得把標準放寬，**追蹤偏離度最多 0.3％**。

ETF 會因為總開銷費用、指數追蹤方式、現金部位（按：即手上持有的現金）等因素，造成報酬無法 100％ 貼近指數報酬，在其他條件相同的情況下，具有最小追蹤偏離度的 ETF，顯然優於具有更大誤差程度的 ETF。

如果投資金額越高，追蹤誤差與成本皆不可偏廢，即使總開銷費用最低，但指數追蹤不佳，仍會造成該拿到卻拿不到的損失。

試想，要是每年落後 1%、2%，長期下來就相當於投資高成本的 ETF，實在不可不注意，因此務必挑選開銷低加上追蹤強的 ETF。

3. 資產規模：降低清算風險。

ETF 和股票一樣，當交易不熱絡時會造成流動性問題，流通性不佳的 ETF 又容易產生溢價與折價的問題。

選擇資產規模大的 ETF，可以享有隨著規模提升而調降總開銷費用的優勢，也可以獲得較分散的持股，而且選擇大公司發行或資產規模大的 ETF，也能降低日後被清算的風險，避免需要重新挑選 ETF 的困擾。

4. 成交量與流動性：買賣價差越小越好。

檢查 ETF 每日交易量是否充足，**建議至少選擇每日成交量大於 10 萬股的 ETF**；通常熱門的 ETF 交易量每天達到數百萬股，而冷門的 ETF 幾乎沒有交易。

無論資產類別如何，交易量都是流動性的良好指標——ETF 的交易量越高，流動性越高，買賣差價越小。在賣出 ETF 時，這些尤為重要。

5. 成立時間：影響可檢視的歷史資料。

ETF 成立的時間越久（**至少滿 3 年**），可查詢到的資料便越多，進而略知其發展軌跡，能隨著市場波動生存下來的 ETF 顯然較為穩定。通常全市場的 ETF 存活性較佳。

6. 市場領先地位：享受加成優勢。

在 ETF 領域，「先發優勢」非常重要，常見大者恆大的趨勢，因為首支 ETF 可以獲得多數投資人的資產挹注，也可以優先享有規模經濟，持續調降費用，提升後進投資人的持有意願。

選擇大公司例如 Vanguard、iShares、SPDR 的 ETF，能夠獲得較好的綜合結果，或是利用「**VI 法則**」──由 Vanguard 以及 iShares 的 ETF 開始入門──直接從這兩家發行公司挑選，**因為這兩家 ETF 眾多**，光是 Vanguard 加上 iShares 就有四百多支，已經符合大多數人的理財需求。

如果還是覺得難以抉擇，建議從 Vanguard 的 ETF 開始研究。Vanguard 由於特殊的公司結構，讓基金資產收購了基金公司股東的股份，使基金持有人成為基金的股東，公司再按成本經營，只為基金持有人服務，也沒有設計管理費的概念，更避免將預算使用在廣告與促銷，如此一來，就對投資人更加有利。

03
破解 ETF 命名邏輯，不踩雷

到目前為止，我們已經介紹了何謂 ETF、ETF 的種類、投資過程、發行公司，或許你已經躍躍欲試了，但在進場之前，請先自問兩個問題：

1. 我要投資什麼？
2. 我要怎麼投資？

「投資什麼」，是搞清楚自己想要的「投資標的」；**「怎麼投資」**，是先確定自己的「投資風格」。若能仔細做好功課，在投資路上就能走得更加穩健。

我要投資什麼標的？

投資標的決定了 ETF 的基本屬性，例如股票 ETF 是投資股票，又能細分成投資全市場或是特定行業，甚至是價值股、小型

財富自由的階梯

股、特別股；債券 ETF 是投資債券，有短、中、長期政府公債，以及綜合債券、抗通膨債券或是高收益債等。如果你以為投資債券 ETF 就代表穩定，那可能就會不小心為了高配息，投資到高收益債 ETF，反而提高了自己投資組合的風險。

股市、債市、貨幣市場都有其各自的投資報酬、風險以及流動性，從歷史來看，股市的報酬優於債市，債市又優於現金，如果追求最大的收益，那麼要多配置在股市；如果追求資產穩定，那麼要多配置高評等的債券；如果追求資產容易變現取得，要多配置於貨幣資產。

從這基本的三項目標——報酬、風險、流動性——來思考這三大類資產之間的比例，可以作為「資產配置」（詳見第 4 章）的出發點。

我要走什麼投資風格？

ETF 百百種，有被動型也有主動型，有低成本也有高成本。低成本被動型的 ETF 就像是約翰・柏格推崇的指數型基金，能夠幫投資人達到長期投資目標；而高成本主動型的 ETF 就像是傳統主動管理的共同基金一般，追求的是打敗大盤，拿到超額報酬。

跟大家分享一個故事：美國心理學家凱瑟琳・沃斯（Kathleen Vohs）曾做過一項實驗，她將學生分為兩組，一組在考試前先選課，另一組則直接考試，結果考試前選課的學生在考試中的表現，明顯不如未選課的學生。她發現擁有太多選擇的人，往往需要很

第七章　選標的不用燒腦，教你如何選ETF

大的心智容量（mental capacity），簡單來說，做決策會使人疲乏（稱為「決策疲勞」）；套用到投資主題上，我們可以發現每一次對投資做出決定，長久下來會感到疲累，而出現過多的投資決策時，便會過度花費心智容量。

儘管挑選ETF非常耗時燒腦，但只要把握低成本、分散投資全市場的概念，就能挑出可以陪著自己成長的ETF。

基準指數影響報酬率

挑選ETF，首重基準指數（Benchmark，按：在大部分情況下，投資者會選擇一項市場指數或結合多項指數，作為投資組合的基準指數）。對於指數化投資人來說，基準指數一定要選對，像是我們進行指數化投資，基準指數要以能盡量囊括市場上所有證券的指數為主，如果你長期投資卻選到反向型ETF（按：追蹤標的指數反向表現的工具。當標的指數下跌時，反向型ETF的價格上漲；反之亦然。比如元大台灣50反1，代號00632R），面臨的只有下跌再下跌。

基準指數的風格在「**ETF 名稱**」就透露了許多訊息，考慮選擇某一檔ETF時，先看看標題就可以大致知道其**投資策略、追蹤的指數或資產類別**。

從更高的角度來看，最好是投資**追蹤範圍全面且被廣泛接受**的ETF，盡量避免只投資單一產業、單一國家或是範圍狹窄的指數，因為這些ETF到頭來都只是不那麼分散的投資組合。

財富自由的階梯

用名稱結構篩除劣質投機 ETF

原則上，名稱越簡潔的 ETF，投資策略也會較為單純，像是 Vanguard 標普 500 指數 ETF、iShares MSCI 新興市場 ETF 等，這類 ETF 的結構如下：

- ETF 發行公司＋投資指數。
- ETF 發行公司＋投資市場。
- ETF 發行公司＋指數編制公司＋投資區域。

比方說，iShares MSCI 南韓 ETF（iShares MSCI South Korea ETF，代號 EWY）由「ETF 發行公司＋指數編制公司＋投資區域」組成；Vanguard 美國中期債券 ETF（Vanguard Intermediate-Term Bond ETF，代號 BIV）則是由「ETF 發行公司＋投資市場」組成。

而較複雜的策略，ETF 結構如下：

- ETF 發行公司＋指數編制公司＋投資區域（＋投資策略）。
- ETF 發行公司＋指數編制公司＋投資策略＋投資區域。

例如：Direxion MSCI 每日 3 倍做多南韓 ETF（Direxion Daily MSCI South Korea Bull 3x Shares，代號 KORU），就是「發行公司＋指數編制公司＋投資策略＋投資區域」。

第七章　選標的不用燒腦，教你如何選 ETF

如果要判斷是否為槓桿、做多或放空型的 ETF，可檢查是否有以下關鍵字，直接剔除。

- 做多（認為你投資的標的會上漲）ETF：名稱有加強做多、2 倍做多、3 倍做多、4 倍做多，或是 Bull。
- 2 倍槓桿 ETF：名稱有 Ultra。
- 3 倍槓桿 ETF：名稱有 UltraPro 或是直接註明 3x。
- 放空型 ETF：名稱有 Bear 或是 Short。

我們能透過名稱判別 ETF 的好壞，剔除不適合者，但因為訊息的局限性，我們仍須檢查其他項目，才能挑出最適合的 ETF。

財富自由的階梯

04

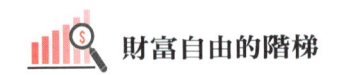

圖解 ETF 篩選器

在上一節,我們講到了篩選 ETF 的重要性,那麼比較常見的篩選器有哪些?各有什麼優缺點?以下列出了 5 種供各位參考:

網站	晨星
功能名稱	ETF Screener
網址	https://www.morningstar.com/etfs/screener
優點	●資料更新快 ●可依折溢價、報酬表現、費用、波動性來篩選
缺點	需要訂閱會員方案才能使用,而且只有英文介面

網站	Yahoo! finance Top ETF
功能名稱	All Screener
網址	https://finance.yahoo.com/etfs
優點	●無須登入就能使用 ●可以選擇比較多的發行公司來篩選
缺點	只有英文介面

第七章　選標的不用燒腦，教你如何選 ETF

網站	ETF Database（VettaFi）
功能名稱	ETF Screener
網址	https://etfdb.com/screener/
優點	●無須登入就能使用 ●可以選擇比較多的發行公司來篩選
缺點	只有英文介面

網站	justETF
功能名稱	ETF Search
網址	https://www.justetf.com/de-en/find-etf.html
優點	能夠以 ETF 註冊地、指數發行公司來篩選
缺點	只有英文介面

網站	MoneyDJ 理財網 ETF
功能名稱	ETF 進階搜尋功能
網址	https://www.moneydj.com/etf/eb/et305001.djhtm
優點	●中文介面 ●可以依照發行公司、投資地區來篩選
缺點	篩選條件陽春，沒辦法以費用率、規模來篩選

　　建議可以使用 ETF Database（VettaFi）網站，雖然有部分功能需要訂閱會員，但免費的基礎功能已涵蓋多數需求，且頁面簡單，容易操作。接下來，我將按步驟說明如何使用該網站的 ETF 篩選器：

財富自由的階梯

1▸ 進入 ETF Database（VettaFi）網站，點選 ETF 篩選器。

　　從頁面上方點按 Tools 打開選單，再點選底下的ETF Screener。你也能在網路搜尋「ETFdb Screener」，原則上第一個搜尋結果會寫「The Web's Best ETF Screener」，點進去就可以直接進入步驟二。

先點選 Tools，再點選排序第一的 ETF Screener。

2▸ 來到篩選器頁面後，勾選篩選標準。

　　下圖就是 ETF Screener 的畫面，左側的 Filters 則是篩選條件。

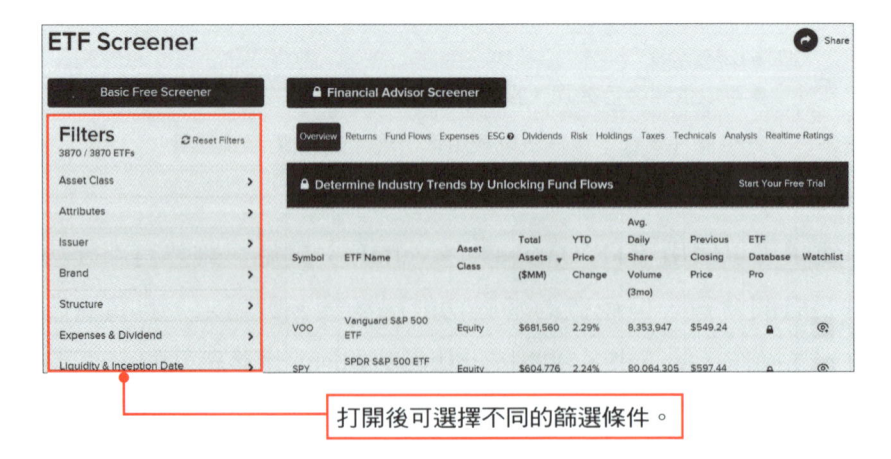

打開後可選擇不同的篩選條件。

第七章　選標的不用燒腦，教你如何選 ETF

篩選條件由上至下分別有：

- 資產類別（Asset Class）
- 屬性（Attributes）
- 發行商（Issuer）
- 品牌（Brand）
- 基金結構（Structure）
- 費用與配息（Expenses & Dividend）
- 流動性與成立日期（Liquidity & Inception Date）
- 報酬率（Returns）
- ESG 評分（ESG Scores）
- 資金流向（Fund Flows）
- 風險指標（Risk Metrics）
- 持股明細（Holdings）
- 熱門主題（Popular Themes）

例如我想在條件中加入費用比率（Expense Ratio）就點開「費用與配息」（Expenses & Dividend），在費用比率輸入設定的底線和上限。

3 調整篩選標準。

如果要新增其他標準，在左側選單依序點選；若要重設整筆篩選，就直接點選「Reset Filters」。

財富自由的階梯

點選 Reset Filters 可以重設整筆篩選。

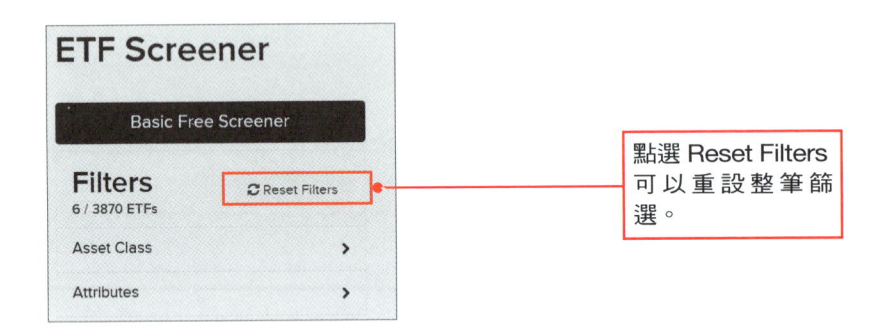

範例：以總開銷費用來篩選 ETF

以篩選貝萊德發行 ETF 的費用比例為例，操作方式如下。

1 打開 ETFdb 篩選器頁面，要記得先登入才能使用。

2 勾選篩選標準：先選擇**發行商（Issuer）**，在當中選擇 **BlackRock, Inc.**，只挑選貝萊德所發行的 ETF。

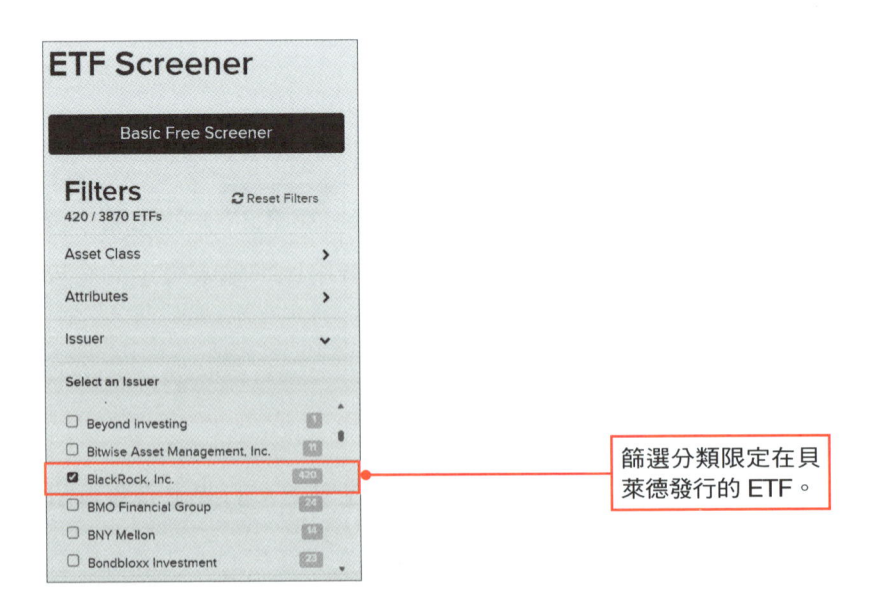

篩選分類限定在貝萊德發行的 ETF。

3 ▶ 調整篩選標準。

勾選篩選分類：選擇**費用與配息（Expenses & Dividend）**後輸入標準，左邊方格為總開銷底線，填寫 0％，右邊方格填寫總開銷上限，填寫 0.30％，如此一來我們就選擇了總開銷費用在 0.3％以下的 ETF。

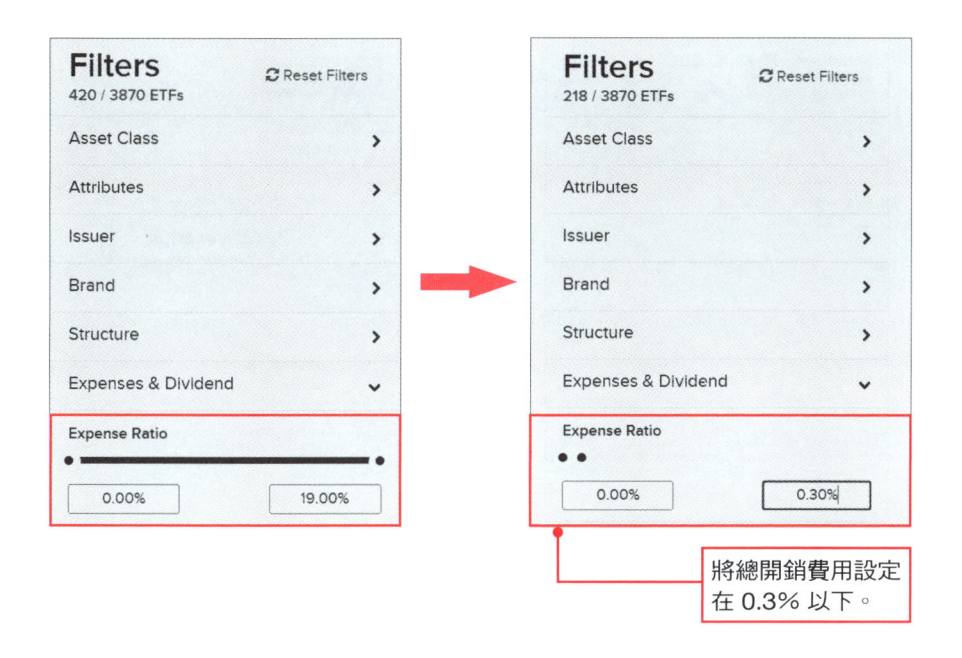

將總開銷費用設定在 0.3％ 以下。

4 ▶ 篩選結果。

透過篩選標準以及分類，我們可以篩選出 218 支由貝萊德發行，總費用在 0.3％ 以下的 ETF（費用調降的話，符合條件的 ETF 數量也會跟著變化），符合低成本的基本原則。

財富自由的階梯

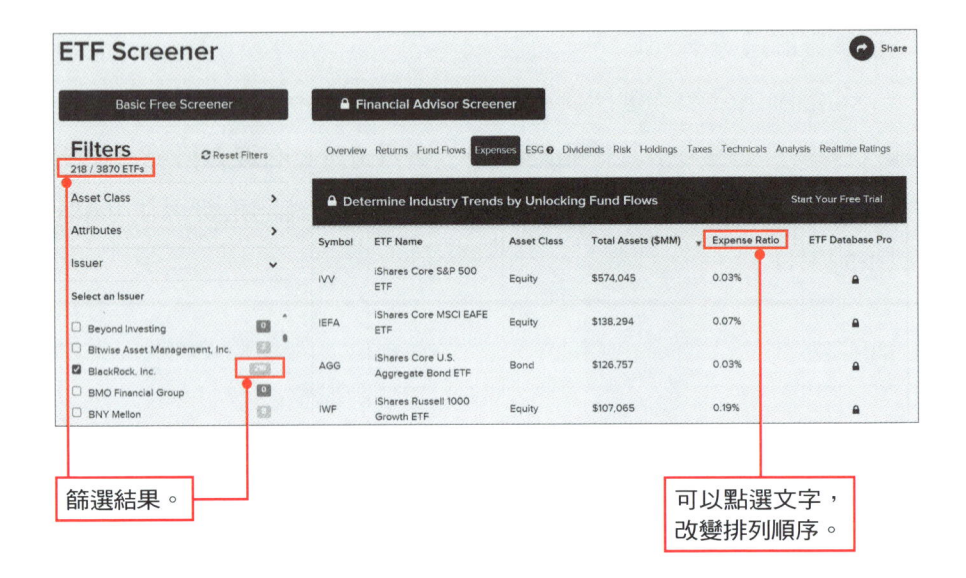

篩選結果。

可以點選文字，
改變排列順序。

第八章

從開戶到下單，
各種流程全圖解！

財富自由的階梯

01

手把手教你，
線上開立台股證券戶

想投資台股 ETF，要先到證券商開立證券戶，至於要在哪家券商開戶，是每個投資人一開始都會有的問題。

投資金額比較少的朋友，可以選擇永豐金控的「永豐金證券」，或是有台股定期定額方案的券商，如富邦、國泰或元大證券；選擇富邦、國泰的優勢在於，同時可以擁有無低消的複委託方案。

如果你尚未到永豐金證券開戶，可以到永豐金證券的官網選擇「**線上開戶**」。完成開戶之後，每月定期定額 100 元起。

如果你偏好臨櫃辦理，可以到附近的永豐金證券分公司，填寫開戶申請表。事前也可以在官網上的「開戶專區」填寫預約表單，讓臨櫃開戶更有效率。

以下是開戶前須先準備好的物品及注意事項：

- 開戶本人須年滿 20 歲。
- 可以收簡訊驗證碼的手機門號。

第八章　從開戶到下單，各種流程全圖解！

- 國民身分證。
- 能證明身分的第二證件，建議使用健保卡。
- 交割銀行帳號，這是要扣錢買 ETF 的帳號，請先確認你開立帳戶的銀行，有配合永豐金證券（可以點選永豐金證券官網「資金管理帳戶」的常見問題查詢）。

永豐金開戶流程

1 到永豐金的官方網站，點選右上角的「**快速開戶**」。

右上角點選快速開戶。

財富自由的階梯

2 填寫身分證字號、出生年月日,並勾選「**我已閱讀個人資料保護法告知事項**」及「**本人僅具有中華民國稅務居民身份**」,點選「確定」進入下一步。

非必填項目,可日後有需求時再申請加入。

3 填寫手機號碼,並輸入簡訊上的驗證碼。

在時間內輸入簡訊驗證碼,若失效請點選重新發送。

第八章　從開戶到下單，各種流程全圖解！

4 上傳雙證件照片。可以掃描 QR Code 用手機上傳檔案（網頁先不要關掉，上傳完畢後，電腦上的網頁會跳轉到下一步），或是直接使用電腦上傳照片。

務必注意雙證件照片相關規定。

207

財富自由的階梯

5 綁定銀行帳戶。可選擇綁定永豐銀行，或其他 22 家合作之銀行帳戶（需開通網銀功能）。

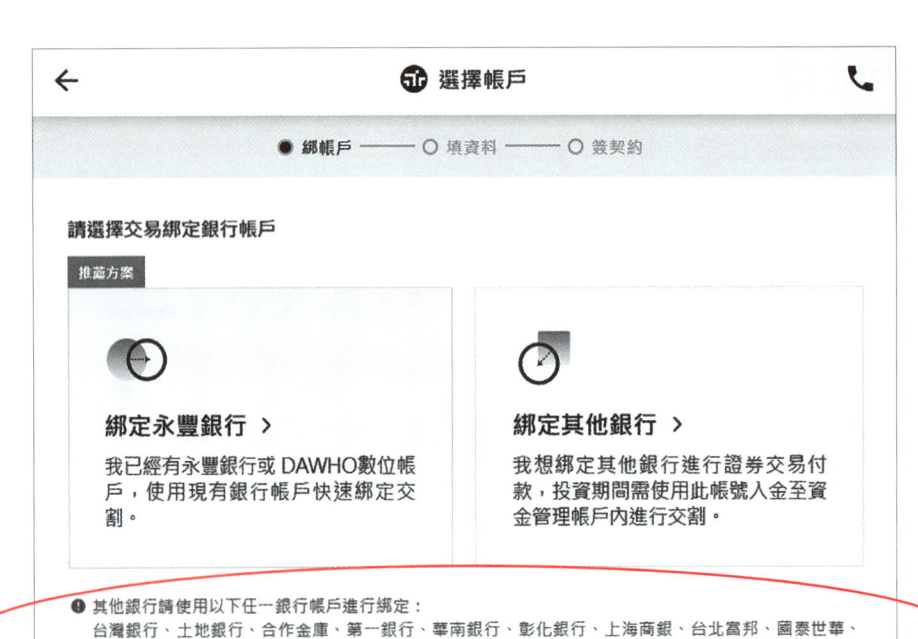

請選擇交易綁定銀行帳戶

綁定永豐銀行
我已經有永豐銀行或 DAWHO 數位帳戶，使用現有銀行帳戶快速綁定交割。

綁定其他銀行
我想綁定其他銀行進行證券交易付款，投資期間需使用此帳號入金至資金管理帳戶內進行交割。

❶ 其他銀行請使用以下任一銀行帳戶進行綁定：
台灣銀行、土地銀行、合作金庫、第一銀行、華南銀行、彰化銀行、上海商銀、台北富邦、國泰世華、兆豐銀行、王道銀行、台灣企銀、新光銀行、陽信銀行、遠東商銀、元大銀行、玉山銀行、凱基銀行、台新銀行、中國信託、將來銀行、樂天銀行。

❶ 提醒：警示戶、告誡戶、衍生管制戶、儲值支付帳戶、備償戶、靜止戶等無法作為認證約定使用。

若沒有永豐銀行帳戶，也可以從這 22 家銀行中，選擇你有開戶的銀行進行綁定。

第八章　從開戶到下單，各種流程全圖解！

6 綁定銀行帳戶後，填寫資料並簽署契約。

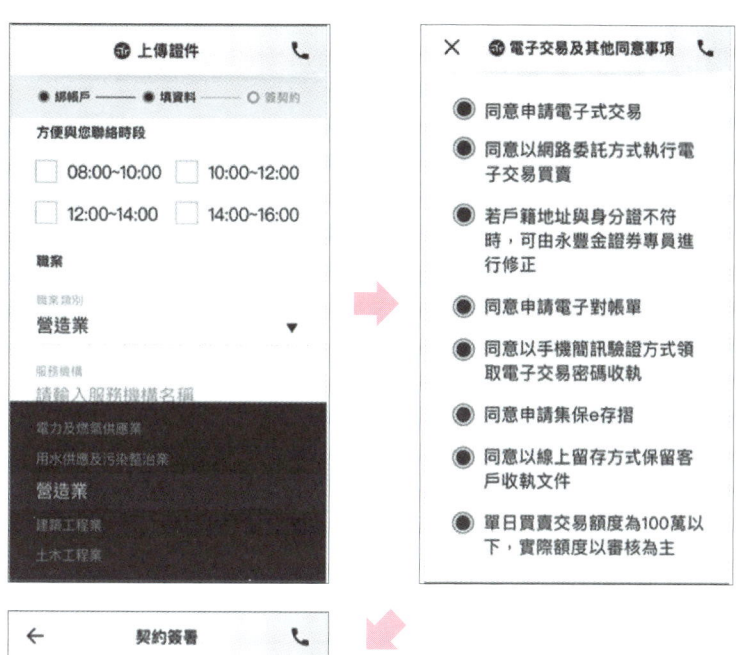

財富自由的階梯

7 申請完成。完成開戶申請後,會收到 E-mail 通知;須等待 1 到 2 個工作天審核,通過後也會再以 E-mail 通知已完成開戶。若想知道線上開戶進度,可以到「**客戶支援→開戶專區**」查詢。

完成開戶申請。

審核通過後,就可以正式啟用帳號!

02
不出國也能投資海外：
複委託，怎麼開戶、下單？

你以為要買美股就要坐飛機到國外買嗎？現在不用囉！你可以利用以下兩種管道，來購買國外掛牌交易的 ETF（通常為美國 ETF）：

- 透過國內券商複委託（Sub-brokerage）下單。
- 透過海外券商直接下單。

常見的國內券商有富邦、永豐金、國泰證券等，既然是國內券商，自然是以我們熟悉的中文服務，也可以用 LINE 向業務員詢問基本的問題。

常見的海外券商包括：嘉信理財集團、第一證券、盈透證券。

有些海外券商有提供中文服務，例如第一證券；有些則只有提供英文服務，例如盈透證券。

我個人是使用永豐金以及富邦的複委託，海外券商則是嘉信理財。每個券商都各有好壞，我建議你可以就近選擇服務方便、自己

喜歡的券商就行了。

複委託的「複」從何處來？

複委託，正式名稱為「受託買賣外國有價證券業務」，由《證券商受託買賣外國有價證券管理規則》管理。

簡單來說，複委託是委託國內證券商，幫你向國外券商掛單買賣國外股票；在這之前，我們要先開立複委託帳戶，再用這個帳戶來買賣外國股票。

國內券商接受我們的委託單後，會再向國外券商下單，從這裡你可以知道委託單經過國內及國外券商（見圖表 8-1），屬於雙重的委託下單，因而稱作「複委託」。

圖表 8-1　委託單先後經過國內外券商，故稱複委託

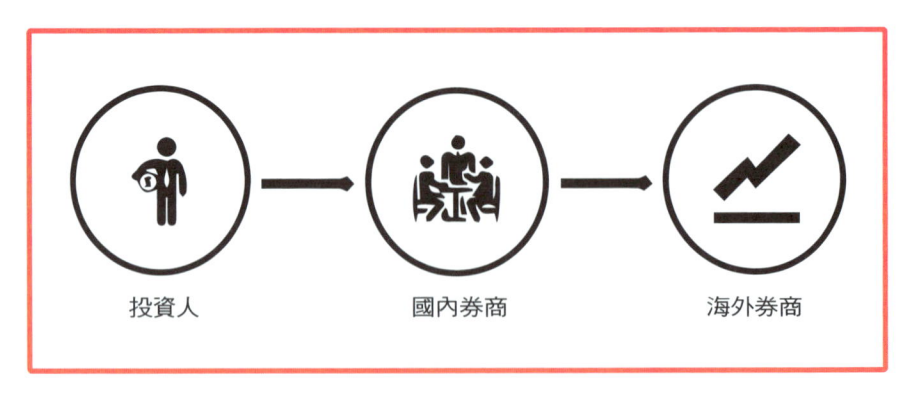

投資人 → 國內券商 → 海外券商

第八章　從開戶到下單，各種流程全圖解！

可以投資什麼？

簡單來講，善用複委託，投資人就可以在臺灣買到國外的股票或是 ETF，不需要親自到美國開戶。

複委託除了可以買到美國交易所掛牌的 ETF、個股之外，甚至可以買到公司債、債券等，非常方便。既然我們的投資方式是以 ETF 為主，那麼能購買海外 ETF 即可。

如何開戶？

和開股票戶頭一樣，基本上還是需要你親自跑一趟，開戶時記得攜帶以下文件：

- 身分證，或外僑居留證，或護照。
- 第二身分證件（如健保卡、駕照、護照、戶籍謄本）。
- 銀行存摺正面影本。
- 印章。

就我的經驗，如果已經在網路上找好配合的營業員，業務會請你到就近的營業據點提交並簽署文件資料，同時請你轉知服務人員，要在指定的分公司開戶。

如果你是就近前往開戶，務必要極力爭取到接近前文說的手續費費率（0.2% 或 0.3%），千萬不要按照牌價 1% 就開戶唷！

213

財富自由的階梯

圖表 8-2　國內券商比較

管道	複委託		
券商	元大證券	富邦證券	永豐金證券
手續費 — 單筆交易	0.1425%（牌告費率）	0.25%（網路下單）	買進：0.10%，最高 1 美元 賣出：0.18%，最低 3 美元 至 2025 年 12 月 31 日
手續費 — 定期定額	0.3%（最高 1 美元）	0.2%	
手續費 — 最低	1 美元	無，優惠至 2025 年 12 月 31 日	無，優惠至 2025 年 12 月 31 日
交割幣別	新臺幣、美元		
定期定額最低扣款金額	10 美元或新臺幣 300 元	30 美元或新臺幣 1,000 元	10 美元或 1 股
特色	精選 20 檔標的，每月任選扣款日，彈性高。	定期定額扣款日為每月 3、6、8、13、16、18、23、26、28 日，共 9 天可選。	提供交割帳戶（永豐銀）1.5% 活存優利，扣款日同富邦，共 9 天可選。 有股利再投入功能。

　　到了這裡，你已經完成前進美股的基本手續，剩下的就是把錢轉入開戶帳號、下單購買囉！如果有疑問，記得詢問證券端，這樣才可以得到最即時的服務。

第八章　從開戶到下單，各種流程全圖解！

複委託		
國泰證券	兆豐證券	玉山證券
個股：0.1% ETF：單筆 3 美元 至 2025 年 12 月 31 日 買進單筆均 0.1 美元，優惠中，至 2025 年 12 月 31 日 賣出個股：0.1% 賣出 ETF：3 美元	0.1 美元／股	買進單筆小於 149 美元：0.2% 150 美元至 666 美元：0.3 美元 大於 667 美元：0.18% 賣出：0.4%
無，優惠至 2025 年 12 月 31 日	無，優惠至 2025 年 6 月 30 日	35 美元
新臺幣、美元		
10 美元	100 美元	100 美元
定期定額扣款日為每月 5、15、25 日，共 3 天可選。	定期定額扣款日為每月 8、18、28 日，共 3 天可選。	定期定額扣款日為每月 5、10、15、25 日，共 4 天可選。

下單交易流程

下單日晚上 8 點前，須把錢存入交割銀行帳戶，這樣當晚交易時間才能進行複委託。接下來，我以投資美股作為下單範例。

財富自由的階梯

例如以手機 App 下單的話，你必須選取的欄位有這些：

- **投資市場**。

既然是想投資美股，那市場就選「美國」。

- **ETF代碼**。

舉例來說，打上 VT，就代表 Vanguard Total World Stock ETF（Vanguard 全世界股票 ETF）。

- **買賣**。

是要買入還是賣出，這一點務必選對！

- **價格**。

設定買入或賣出的價格。通常你可以參考目前的成交價再加一點點，例如增加 0.01 元，這樣可以加快成交速度。

- **股數**。

選擇要買多少股。

- **委託單種類**。

選 ANY 或是 AON 都可以（說明見第 218 頁）。

圖表 8-3 為我的委託範例（使用「富邦 e 點通」App），各位可參考並依照自己的狀況來下單。

記得，要先把本金存到帳戶內以供交割，而且交易時的手續費，系統設定會先扣除 100 美元，之後再退還給你。假設我這次透過永豐金下單，手續費共是 11.99 美元，雖然對帳單系統會顯示手續費 100 美元，但過幾個工作天之後，系統會以 100 美元減去

圖表 8-3 複委託下單

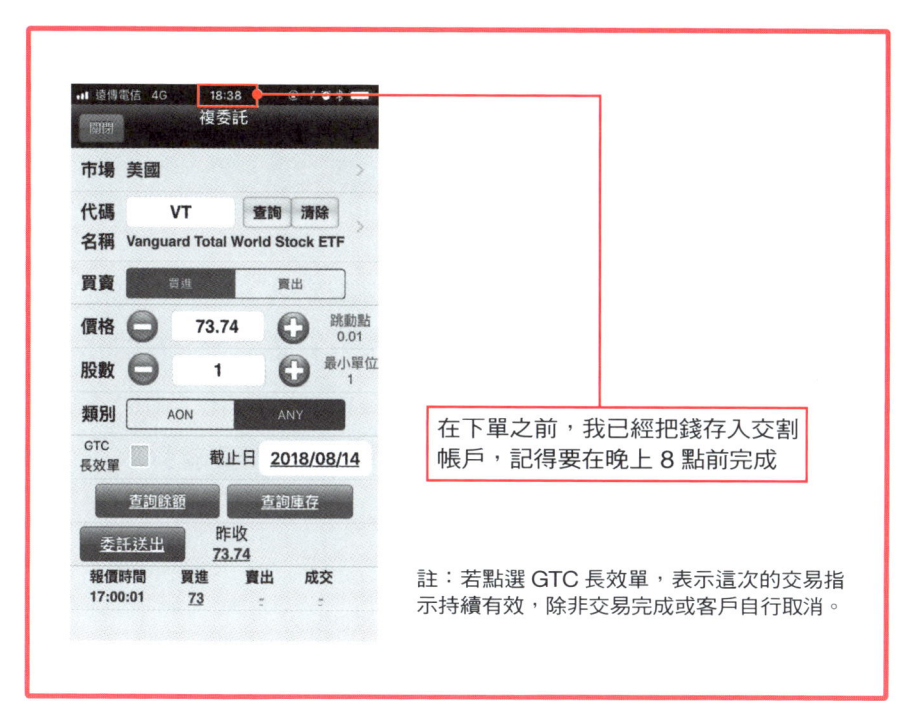

在下單之前,我已經把錢存入交割帳戶,記得要在晚上 8 點前完成

註:若點選 GTC 長效單,表示這次的交易指示持續有效,除非交易完成或客戶自行取消。

11.99 美元,退還 88.01 美元。

複委託相關 Q&A

Q:什麼是複委託契約?

A:是指證券商與複受託證券商間,就外國有價證券複委託、複受託買賣事宜簽訂之契約。

財富自由的階梯

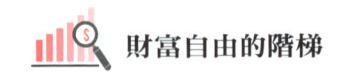

📝 PG 入門筆記

委託單的交易限制有兩種：

1. 部分成交有效單（ANY）。

即為分批成交，通常未說明交易限制者，便視為可接受分批成交。會出現分批成交，是因為有時一天只有部分成交，系統會在隔天繼續送出未成交數量的委託；由於不是一次成交，故稱分批成交。下單一次手續費就只收一次，分批成交不會多收費。

2. 全部成交有效單（AON，All Or None）。

指客戶所下的交易指示，必須整批買進或賣出，不接受分批成交。AON 下單模式委託不得低於 100 股，且整批委託單僅適用於美國股票市場，香港股票市場則無。

Q：利用複委託賣出 ETF、股票，實拿的錢如何算？

A：到手的錢＝賣出股款－手續費－相關費用。

賣掉股票跟買股票一樣，必須支付手續費及相關費用，所以股款扣除這些費用，剩餘的才是我們可以拿到的金額。

第八章　從開戶到下單，各種流程全圖解！

Q：把股票賣掉，什麼時候才可以拿到錢？

A：4天後才能拿到錢。

因為美股交割日是「成交日當天＋3天」，所以賣出美股後，要等到第4天，股款才會轉入交割銀行帳戶。

Q：臺灣複委託的法律依據有什麼？

A：分別為《證券交易法》、《證券商受託買賣外國有價證券管理規則》、《中華民國證券商業同業公會證券商受託買賣外國有價證券作業辦法》等三種。

《證券交易法》第44條第4項為：「證券商及其分支機構之設立條件、經營業務種類、申請程序、應檢附書件等事項之設置標準與其財務、業務及其他應遵行事項之規則，由主管機關定之。」

因此有了《證券商受託買賣外國有價證券管理規則》，管理規則第1條開宗明義：「本規則依《證券交易法》第44條第4項規定訂定之。」

而《中華民國證券商業同業公會證券商受託買賣外國有價證券作業辦法》中的第1條也相同：「本作業辦法依《證券商受託買賣外國有價證券管理規則》第5條第6項規定訂定之。」

第九章

買股票好
還是買 ETF 好？

財富自由的階梯

01

99% 當沖都賠錢

在現代社會，擅長投資這件事似乎是一個「聰明」的技能，可以賺錢、又能改善生活。無形中，也逼著我們必須向他人看齊，要會投資、會交易、學會靠錢滾錢。

我認為，跟別人比較是一件很累的事。金錢的用途應該在於讓我們擁有自由，可以隨心所欲安排行程，享受這個世界，甚至不在意他人的眼光。我不以當沖作為主要投資策略，是因為在我看來，當沖有兩大缺點。

缺點一：時間成本高

首先，當沖會耗費過多時間成本，讓我沒辦法把精力專注在提升專業、兼顧本業，或是投入真正有意義的休閒活動，更別說維持良好的身心健康。

我不禁思考，要是利用當沖或短線交易策略投資，我到底是把投資當作提升生活品質的方式，還是把它當成另一份工作，不眠不休的加班？若以時薪 190 元計算，每天研究 1 小時、週休 2 日，1

年的總成本就相當於 4 萬 5,600 元（190×5×4×12＝45,600）！我認為，人生不該只有投資交易。作為上班族，當我們花時間研究投資時，容易排擠自己的本業、生活和休閒時間。

缺點二：損害報酬率

有許多研究顯示，頻繁交易將損害我們的財富。行為經濟學家梅爾‧史塔曼（Meir Statman）引用瑞典的研究指出：「進出市場最頻繁的交易員，往往會因為交易成本和挑錯進出場時機，每年虧損帳戶總額的 4%，而且這種情況在世界各地幾乎都一樣。在全球 19 個大型證券交易所中，買賣頻繁的投資人比買進後長抱者，其投資報酬率每年大約落後 1.5%。」

加州大學（University of California）學者布萊德‧巴柏（Brad Barber）和特倫斯‧歐丁（Terrance Odean），分析了美國大型網路證券商嘉信理財在 1991 年至 1996 年中 6 萬 6,465 個活躍交易帳戶。在這些人當中，最頻繁交易的投資人賺到了 11.4% 的報酬率，遠低於整體股市平均報酬率的 17.9%，也輸給所有投資人平均的 16.4%。

下頁圖表 9-1 中，x 軸從左至右 1 到 5 表示交易頻率由低到高，但是我們可以看見，投資人實拿的報酬率卻遞減（黑色）。

灰色則是投資人的交易頻率。交易頻率越高，代表投資組合改變得越頻繁，持有標的的時間就越短。最右邊是標普 500 指數的指數基金，也代表整體市場大盤。

從這張圖可以看到，交易頻率越低，績效就越高。這也是投資市場有趣之處：**投資人越是什麼都不做，最後的報酬反而越多。**

財富自由的階梯

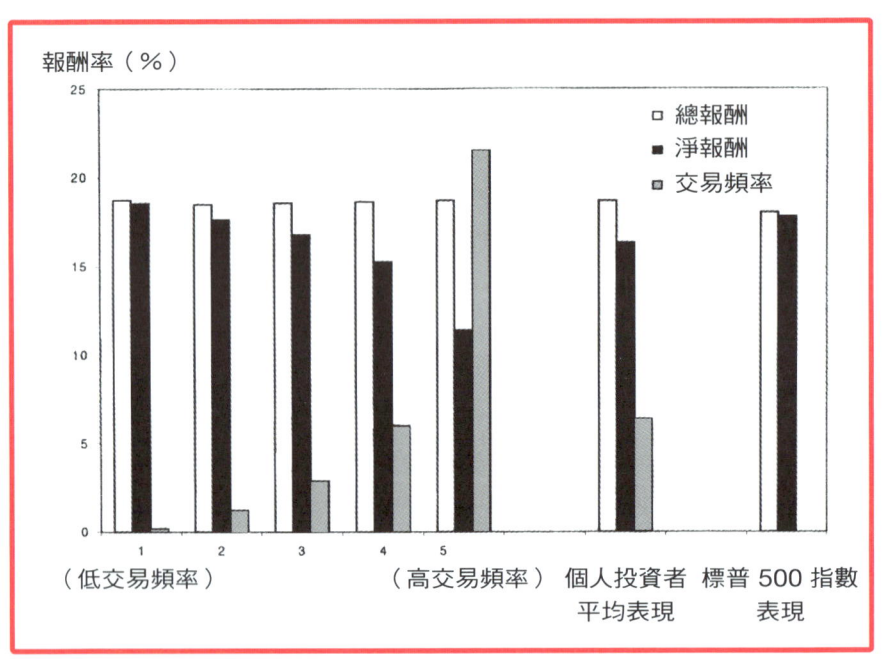

圖表 9-1　交易頻率越高，報酬率卻越低

資料來源：Barber and Odean（2000）, *Trading Is Hazardous to Your Wealth*。

在另一份研究中，賓州加利福尼亞大學（California University of Pennsylvania）與北京大學光華管理學院，使用 1992 年至 2006 年間臺灣證券交易所的資料，針對當沖交易者進行分析。結果顯示，平均而言，**只有不到 1% 的當沖交易者能夠持續擊敗低成本 ETF 的市場報酬，且超過 80% 的當沖交易者實際上是虧本的。**

因此，當沖、短線交易不僅不容易賺到錢，還會讓我們花費過多時間，到頭來工作、投資兩頭空，是典型的短期決策傷害長期報酬的實例。

第九章　買股票好還是買 ETF 好？

不當沖賺更多

因此，我選擇捨棄當沖，改為長線投資。圖表 9-2 說明了投資股市持有時間長短，與賺錢機率的關係——隨著持有時間越長，賺錢的機率就越高。我們都希望能立刻有成果，但正如傳奇投資人查理‧蒙格（Charlie Munger）所說：「投資追求的是一個長期的結果，而不是像在賭場一樣立刻就有回報。」

金融機構都希望投資人做出「聰明的操作」，但我認為股票是買來放，而不是用來買賣。我追求成為「長勝軍」，是長遠、確定的成功，而不是短期、最後卻可能失敗的「常勝軍」。

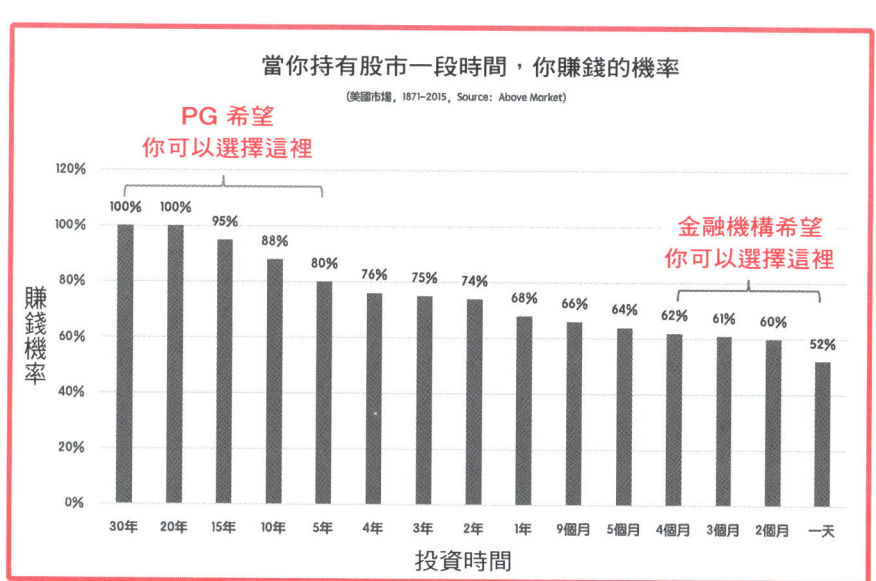

圖表 9-2　投資時間與賺錢機率的關係

當你持有股市一段時間，你賺錢的機率
(美國市場，1871-2015，Source: Above Market)

投資時間	賺錢機率
30年	100%
20年	100%
15年	95%
10年	88%
5年	80%
4年	76%
3年	75%
2年	74%
1年	68%
9個月	66%
5個月	64%
4個月	62%
3個月	61%
2個月	60%
一天	52%

PG 希望你可以選擇這裡（30年、20年）

金融機構希望你可以選擇這裡（4個月～一天）

財富自由的階梯

02

盯盤盯越緊，賠錢賠越多？

剛開始投資時，我小心翼翼、生怕買錯，而買入後，我非常頻繁的觀看股票走勢，希望股價可以在我買入後就不斷上漲。但是，經過多年之後我才明白，應該要減少看盤及關注損益的時間。

股市弔詭的地方在於，**當我們越頻繁的監看，看到虧損的可能性就越高**。我們如果越頻繁關注金融市場，將越容易增加「風險」，這個風險是由於「壞的投資行為」所產生。

圖表 9-3 展示了自 1969 年以來，全球股票指數在不同查看損益的頻率，會得到的結果。

圖表9-3　看盤行為如何增加風險

	每月看1次	每年看1次	每5年看1次
看到賺錢的比例	61%	78%	90%
看到虧損的比例	39%	22%	10%

資料來源：Barclays Wealth: MSCI World since 1969。

第九章　買股票好還是買ETF好？

在市場進入下跌趨勢時，波動性往往變得更加集中。特別是當市場上人心惶惶時，價格波動就會更大，這也是為什麼歷史上最大的漲幅和跌幅，常常都出現在熊市期間。

舉例來說，2011年8月、2020年3月，以及2022年1月間的股市回檔，在這段時間，因為投資者的恐慌與對未來的不確定感，市場波動明顯加劇。投資人都想在下跌的過程中抓住最低點，但實際上，大多數人在市場低迷時，情緒也會受到影響，甚至變得過度悲觀，認為還會變得更糟。

我印象最深刻的一次經歷，是在2022年1月間，某客戶打電話給我，整整講了3小時，在通話中盡是悲觀的看法，諸如「市場已經進入空頭」、「未來將持續下跌好多年」等。在此時，投資顧問更像是諮商心理師，我花了很大的力氣才說服他應該堅持下去、持續投資。

在負面情緒的轟炸下，人們往往覺得自己應該及時「止損」，並決定撤出市場，可是這個決策很可能錯過接下來的最大上漲。**在市場低迷時選擇退場，看似保守，實際上卻可能錯過後續的強勁反彈。**

比如，2020年3月，在疫情爆發的恐慌中，股市短短幾週內急跌，但在月底時卻也上漲了9.4%（見下頁圖表9-4）。接著，市場展開了長達1年的強勁反彈，而很多選擇退出的投資人，就這樣錯過了整段行情。

財富自由的階梯

圖表9-4　2020年3月股市急跌後，當月底即開始長達1年的強勁反彈

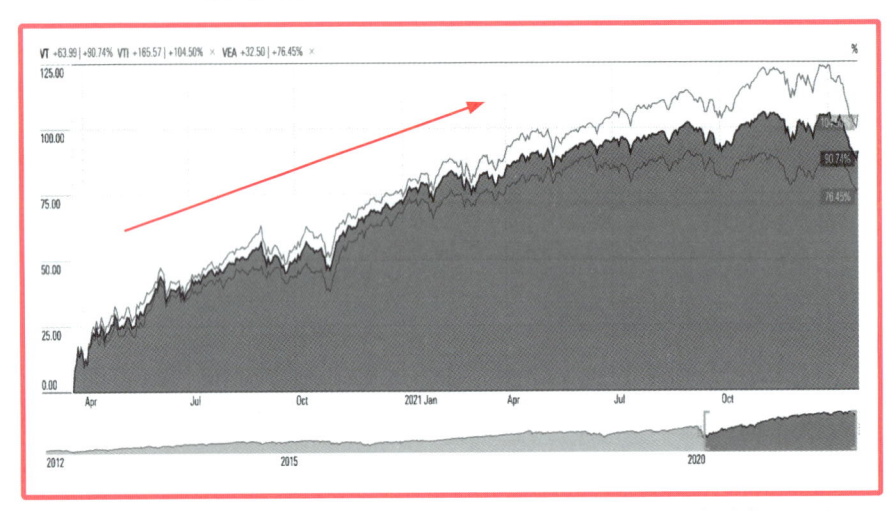

資料來源：晨星。

如何擺脫投資不適症？

我們總期待搭飛機時一路平穩、舒適，但現實上來說，再先進的科技都無法保證絕對不會遇到亂流。投資股市也一樣。

從1950年以來，市場有近17%的時間處於熊市（下跌20%或更糟），市場創新高的時間只有7.7%，但平均投資10年的年化報酬率仍高達10.7%。由此可知，在股市中，市場崩盤是少見的，回檔卻很常見（見右頁圖表9-5）。

這代表，投資股市本身就不是一件「舒服」的事。許多人初入市場時，也相信長期投資能獲得穩定報酬，但很多時候，在面對中短期的波動時，我們往往會忽略了原本長期投資的初衷，甚至想要

第九章　買股票好還是買 ETF 好？

圖表 9-5　即使是熊市，長期持有的年化報酬率仍高達 10.7%

市場創新高的時間僅占 7.7%
長期待在市場年化報酬高達 10.7%

How Much is the S&P 500 Down Since 1950?	
Peak-to-Trough Drawdown	% of the time
Down 50% or Worse	0.1%
Down 40% or Worse	2.3%
Down 30% or Worse	5.4%
Down 20% or Worse	16.6%
Down 10% or Worse	36.6%
All-Time Highs	7.7%

Data: Ycharts (my calculations)

10 Year S&P 500 Returns Since 1950	
10 Year Annual Returns	% of the time
Negative	3.1%
0% to 5%	11.0%
5% to 10%	30.9%
10% to 15%	31.7%
15% to 20%	23.2%
Long-Term Average	10.7%

Data: Returns 2.0 (my calculations)

Copyright © 2023 Alpha FinTech Inc

資料來源：The Crash Callers Won't Save You, Ben Carlson。

退出市場。但現在的投資環境，雖然比以往的波動與變化快速，卻也替我們帶來比以往更多的投資機會。

如何應對不可避免的下跌？

自 2009 年起，美國股市共經歷 25 次超過 5% 的下跌，每次都伴隨鋪天蓋地的負面訊息，並引發市場恐慌。但事後回顧，這些下跌最終都被市場修復，並迎來下一波成長。

由下頁圖表 9-6 可以看到，自 1965 年以來，美股共發生過了 16 次的市場修正（指從相對高點下跌超過 10%）和 12 次熊市。圖

財富自由的階梯

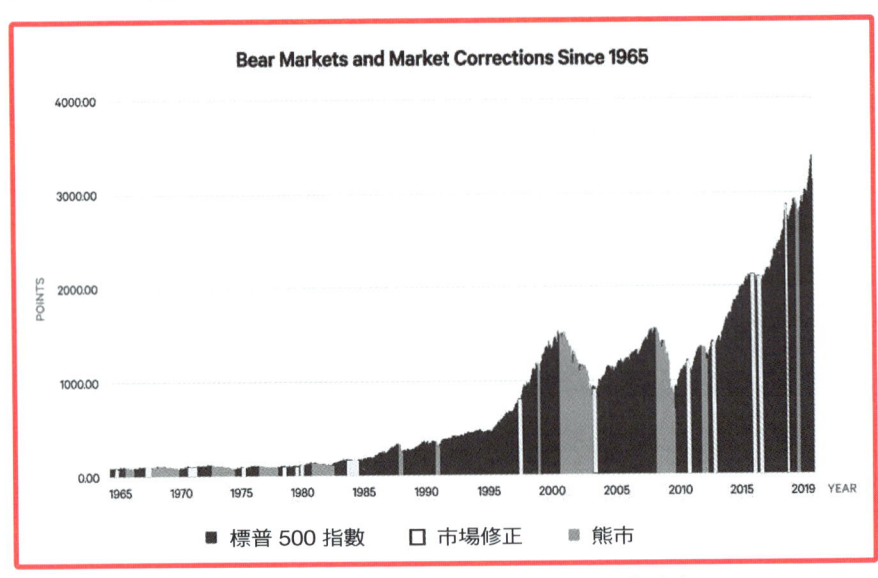

圖表 9-6 自 1965 年以來美股市場的變動

[圖表：Bear Markets and Market Corrections Since 1965，標普 500 指數、市場修正、熊市]

資料來源：Wealthfront。

表中的灰色區塊代表熊市，淺灰色則代表市場修正。右頁圖表 9-7 則顯示了每次修正的幅度，以及市場恢復所花費的時間。

從市場修正中恢復的平均時間是 126 天，約 4 個月。4 個月對於標準長期投資人來說，所花費的時間並不長。研究機構 DALBAR 也發現，熊市需要比市場修正更長的時間才能恢復，平均恢復時間為 637 天（約 21 個月）。但好消息是，**如果你在熊市後繼續投資，那麼在接下來的 1.7 年中，平均可以獲得超過 20% 的報酬**，這是非常誘人的回報（見第 232 頁圖表 9-8）。

對於下跌，你該關注的是能不能繼續投入、滾大本金，以及能否堅持原本設定的投資計畫。**每當市場下跌，散戶投資人就會開始**

第九章　買股票好還是買 ETF 好？

圖表 9-7　市場修正平均需要 4 個月才能恢復

S&P 500 Corrections (Declines Greater Than 10% But Less Than 20%) 1965-2019

高峰		低谷		市場恢復		天數	
DATE	ADJ CLOSE	DATE	ADJ CLOSE	DATE	% DROP	高峰到低谷	低谷到市場恢復
2018-01-26	2872.87	2018-02-08	2581	2018-08-24	-10.16%	14	198
2015-11-03	2109.79	2016-02-11	1829.08	2016-06-07	-13.31%	101	118
2015-05-21	2130.82	2015-08-25	1867.61	2016-07-11	-12.35%	97	322
2012-04-02	1419.04	2012-06-01	1278.04	2012-09-06	-9.94%	61	98
2010-04-15	1211.67	2010-07-02	1022.58	2010-11-04	-15.61%	79	126
2002-11-27	938.87	2003-03-11	800.73	2003-05-27	-14.71%	105	78
1997-02-18	816.29	1997-04-11	737.65	1997-05-05	-9.63%	53	25
1983-10-10	172.65	1984-07-24	147.82	1985-01-21	-14.38%	289	182
1980-02-13	118.44	1980-03-27	98.22	1980-07-07	-17.07%	44	103
1979-10-05	111.27	1979-11-07	99.87	1980-01-18	-10.25%	34	73
1978-09-12	106.99	1978-11-14	92.49	1979-08-10	-13.55%	64	270
1975-06-30	95.19	1975-08-21	83.07	1976-01-12	-12.73%	53	145
1974-11-07	75.21	1974-12-06	65.01	1975-01-27	-13.56%	30	53
1971-09-08	101.34	1971-11-23	90.16	1971-12-20	-11.03%	77	28
1971-04-28	104.77	1971-08-09	93.53	1972-01-18	-10.73%	104	163
1967-10-09	97.51	1968-03-05	87.72	1968-04-29	-10.04%	149	56
1965-05-13	90.27	1965-06-28	81.6	1965-10-05	-9.60%	47	100
				Mean	-12.27%	82	126
				Min	-17.07%	14	25
				Max	-9.60%	289	322

市場從低谷恢復，平均需要花費 126 天（約 4 個月）。

資料來源：Wealthfront。

想撤出市場，而這樣的決策平均會讓他們付出高達 3.5% 的代價。

　　如果你投資的目的是為了實現長期目標，那麼即使遇到熊市，也不應該中斷投資。以歷史數據為例：如果你在 1929 年 1 月 1 日投入 1,000 元到一個股債平衡的投資組合，在 2020 年會成長為 169

財富自由的階梯

圖表 9-8　熊市平均需要 21 個月才能恢復

高峰		低谷		市場恢復		天數	
DATE	ADJ CLOSE	DATE	ADJ CLOSE	DATE	% DROP	高峰到低谷	低谷到市場恢復
2018-09-20	2930.75	2018-12-24	2351.10	2019-04-23	-19.78%	96	121
2011-04-29	1363.61	2011-10-03	1099.23	2012-02-24	-19.39%	158	145
2007-10-09	1565.15	2009-03-05	682.55	2013-03-28	-56.39%	514	1485
2000-04-07	1516.35	2002-10-09	776.76	2007-09-18	-48.77%	916	1806
1998-07-17	1186.75	1998-08-31	957.28	1998-12-18	-19.34%	46	110
1990-07-16	368.95	1990-10-11	295.46	1991-02-11	-19.92%	88	124
1987-08-25	336.77	1987-12-04	223.92	1989-07-26	-33.51%	102	601
1980-11-28	140.52	1982-08-12	102.42	1982-11-03	-27.11%	623	84
1976-09-21	107.83	1978-03-06	86.9	1978-09-12	-19.41%	532	191
1973-01-11	120.24	1974-10-03	62.28	1980-07-14	-48.20%	631	2112
1968-01-29	108.37	1970-05-26	69.29	1972-03-06	-36.06%	849	651
1966-02-09	94.06	1966-10-07	73.2	1967-05-05	-22.18%	241	211
				Mean	-30.84%	400	637
				Min	-56.39%	46	84
				Max	-19.34%	916	2112

熊市（下跌超過 20%）則需要 637 天（約 21 個月）才能恢復，但也往往會伴隨著更好的機會。

資料來源：Wealthfront。

萬 6,516 元，期間會經歷超過 10 個熊市；相同的時間，通貨膨脹也成長為 3 萬 3,779 元，因此從長期來看，通貨膨脹才是最大的敵人。

永遠不要想著找出適當的時機點進出市場，人性很難克服。與其在市場裡進進出出，盡量不要理會市場波動，堅持往前進才是長期可行的做法。

第九章　買股票好還是買 ETF 好？

03

股市大跌不跑就等死？

　　投資風險除了市場下跌外，也包含在面對市場下跌時的「不當行為」。下跌時，我們往往會想要「做些什麼」，以改善現況，而這背後的成因叫做行動偏誤（Action Bias）。

　　行動偏誤是指，人們傾向於採取行動，即便什麼都不做才是更好的選擇。以塞車為例，有些駕駛明知無法前進，卻會不斷按喇叭。這樣的行為並不會讓車流變順暢，只是為了發洩焦躁的情緒而已，塞車的狀況並無法改善。

　　這種偏誤不只發生在一般人身上。根據《經濟心理學雜誌》（*Journal of Economic Psychology*）的研究指出，在足球比賽中，即使站在原地不動是最能守住球的方式，但守門員還是會想撲向左邊或右邊，因為「不動」，看起來什麼都沒做，會令人感到焦慮。

　　投資的過程中也是如此，**不動往往是比較好的決定**。下頁圖表 9-9 顯示出在過去幾個成熟的股票市場當中，錯誤的擇時進出對報酬的損傷，即使只錯過短短 20 個交易日，也會讓報酬率下降一半，在一些投資市場中，要是錯過 40 個最好的交易日，甚至會讓

財富自由的階梯

圖表 9-9　在錯誤的時間點進出場，對報酬所造成的傷害

國家	追蹤指數	長期持有	錯過 20 個最好的交易日	錯過 40 個最好的交易日
英國	FTSE All Share	10.80%	5.30%	1.70%
美國	S&P 500	11.50%	5.40%	1.10%
德國	DAX 30	9.40%	1.00%	-4.30%
法國	CAC 40	10.90%	3.30%	-1.90%

資料來源：Barclays Wealth, Annual returns 1990 to 2005

投資報酬率變成負數。

在投資市場上，充斥著大量例子，都是因為過度自信、控制欲、恐慌等因素，導致偏誤產生。

特別是當我們已經持有一個風險分散的投資組合，最重要的投資決策往往在進場前就已經決定，比如股債比、投資目標和投資策略等，而進場後所需要的不是調整，而是「耐心」。

比起行為，耐心更重要，選擇不作為、不行動並不意味放棄，事實上，這樣做更有效率。

第九章　買股票好還是買 ETF 好？

將股市的波動視為入場券

對某些人來說，要制定出完善的財務計畫，所需要的準備工作令人畏懼，因此往往被置於一旁。尤其是那些因害怕市場波動而遲遲未開始投資的人，對波動的恐懼就像是食人族，阻礙他們前進，卻未察覺真正的風險——長期資產累積不足，正在逐步靠近。

在投資的過程中，想保證不會賠錢，往往就等於保證得不到報酬。所以有句話說：「不要將股市波動視為懲罰，而是要將它當作取得市場報酬的入場券。」

舉例而言，在 2008 年末至 2009 年初進行的投資行為，可能會比 2000 年至 2008 年間做的每一件事，都更能影響一生得到的投資報酬。

曾有一名老飛行員自嘲自己的工作是：「一小時又一小時的無聊時光，偶爾會被恐怖時刻打斷。」這也描述了投資的本質，身為投資人，能否成功取決於我們如何因應不定時出現的恐怖時刻，而不是多年來的平穩飛行過程。

嘗試閱讀恐懼，或許就不會被想像中「最恐怖的事」吸引，即使所擔心的事發生，我們也早已做好準備。

財富自由的階梯

04

買股票比較賺？
為何長期投資會賺錢？

很多朋友問我：「PG，我要怎麼知道投資 ETF 真的能賺錢？每個月都能看見配息沒錯，但我又不知道價差什麼時候會出現。」這樣的疑問其實非常普遍。因為我們都想知道──自己做的投資決策，到底是否正確？

當我們想要透過投資「賺錢」，第一個想到的常常是「買股票」。但你有沒有想過：為什麼股票會帶來報酬？為什麼股票需要那麼高的風險補償？

綜觀二十世紀的美國股市，在大多數時候，股票的表現都比債券高約 7%，為什麼？很簡單，因為**股票的風險比較高**。把錢投入股市時，會要求更高的預期報酬，作為對承擔較高風險的補償。

但是「預期」這兩個字代表不一定會發生，如果股市報酬總是贏過債券或現金，投資股票就不會有額外風險。沒有風險又有高報酬，就會吸引大批投資人，導致資金過度擁擠，這樣股市就不會有如此優渥的回報。

經濟學家也同樣在思考這個問題，針對這個問題，《投資心理

第九章　買股票好還是買 ETF 好？

戰》（*Behavioural Finance*）這本書的觀點也值得跟大家分享。

股票的報酬通常高於其他資產，這種差額被稱為股權溢價（Equity risk premium）。從金融的角度來看，即投資組合或具有市場平均風險的股票報酬率，與無風險報酬率的差額。至於為什麼會有股權溢價？這個謎團被稱為股權溢價之謎（Equity Premium Puzzle）。

股權溢價之謎最早是由芝加哥大學（University of Chicago）教授羅傑‧伊博森（Roger Ibbotson），在 1976 年提出的。

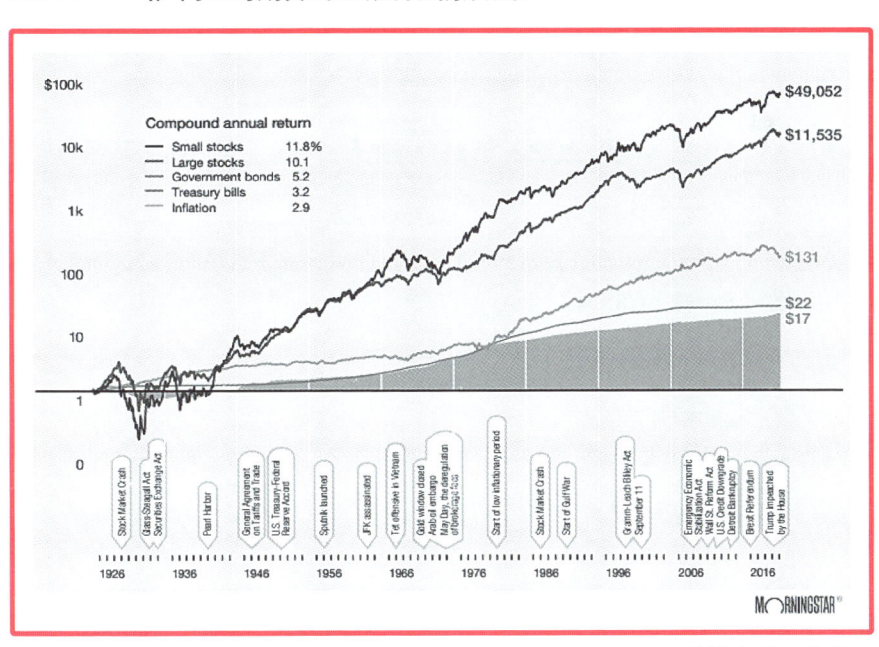

圖表 9-10　伊博森教授的長期數據觀察

資料來源：晨星。

財富自由的階梯

他整理了從 1926 年至 2022 年底的美國市場歷史數據，分析將 1 美元投入不同資產，比如股權類資產、債權類資產的收益率情況。其中小型股票由 Ibbotson 小公司股票指數代表，大型股票以 Ibbotson 大公司股票指數為代表，通貨膨脹以消費者物價指數為代表（見上頁圖表 9-10 及下面圖表 9-11）。

以上範例僅用於說明，並不代表任何特定投資的回報。不過從圖表 9-11 的數據可以看出，股權類資產的收益遠遠高於無風險資產。但這樣的收益又遠大於傳統資產定價模型所得到的結果，超越傳統金融學理論可以解釋的，所以被稱為股權溢價之謎。

很多學者研究也發現，股權溢價之謎並非美國市場的特有現象，許多國家像是英國、德國、義大利、法國等，也都能看見類似的結論。

圖表 9-11　1926 年至 2022 年底，投入 1 美元的收益率情況

資產類別	年化報酬率（%）	最終價值（美元）
小型股（Small stocks）	11.8	49,052
大型股（Large stocks）	10.1	11,535
20 年期美國公債（Government bonds）	5.2	131
30 天期美國國庫券（Treasury bills）	3.2	21
通貨膨脹（Inflation）	2.9	17

資料來源：《股票、債券、票據和通貨膨脹年鑑》（*SBBI Yearbook*）。

股權溢價到底有多高？

加州大學洛杉磯分校安德森管理學院（UCLA Anderson School of Management）榮譽教授布萊德佛・康奈爾（Bradford Cornell），在其著作《股權風險溢價》（暫譯，*The Equity Risk Premium*）中，計算了美國市場從 1926 年至 1997 年的股權風險溢價。

書中寫到，美國普通股的平均收益比國庫券高 9.2％，股權比長期國債的平均收益高 7.4％。

美國行為經濟學家施洛莫・貝納茲（Shlomo Benartzi）和理查・塞勒（Richard Thaler）用展望理論（prospect theory）作為根基，解釋股票為什麼會有比較高的報酬率。

展望理論假設每個人會基於自身狀況，對風險抱持不同態度。人在面對股票這種不固定收益時，他們關心的是「損失的機率」，而非採取風險規避的措施。因此，必須有夠高的補償，才能說服他們持有股票。反過來說，正因為這樣的不確定，我們才會賺到報酬。這就是投資股票會獲利的原因。

舉例來說，從軍或擔任警察，平時執勤或執行特殊任務時，必須面臨傷亡的風險，萬一薪資水準和一般工作差不多，會有人想當嗎？多數人不會，除非他特別熱愛這份工作。

因此，才會出現其他職業加給，比如外地加給、主管加給、警勤加給、危險加給等，補償風險，而這就是報酬的意義。同樣的，套用在投資世界中，**股票的高報酬，就是對於風險的補償與加給。**

財富自由的階梯

05

股息越多越好？

談到投資，很多人會直覺認為，股息當然是越多越好。但實際上，這個問題並沒有絕對答案，一切都取決於你用什麼角度、什麼理論來看待投資。

在財經領域中，有一個經典的股票價值估算（稱為估值）理論，叫做股利折現模型（Divided discount model，簡稱 DDM）。在 DDM 的框架下，股票的價值等於該股票未來可產生的收益折現之和。不過，資本利得（即股票價格上漲後賣出獲得的差價）不被視為「基本利潤」，因為價格上漲通常是市場對未來股息預期的反映，而非額外的獨立收益。

從市場整體的角度來看，股息是公司實實在在支付給股東的錢，代表企業創造的價值，流入投資者手中。

什麼是折現？

折現是指，將未來的收益或現金流透過一定的利率（折現

率），計算成現在的價值。這個過程考慮了資金的時間價值，即今天的錢比未來的錢更有價值，因為它可以投資並產生回報。

- 折：指「折算」或「折扣」的意思，表示將未來的金額按照某個利率縮減到當前的價值，反映出時間和風險的影響。
- 現：代表「現在」，指當前的時間點，也就是折現後的價值是基於今天的金額。

簡單來說，折現就是把未來的錢「折算」成現在的等值金額。例如，1 年後可以得到 100 元，假設折現率為 5％，那折現後的現值就是約 95.24 元〔100÷（1＋5％）≒95.24〕。也就是說，今天擁有的 95.24 元，經過投資，1 年後會變成 100 元。

股票的價值完全取決於股息，因為股息是公司真正支付給股東的現金。只有公司派發的股息，才是從公司流向投資者的「新錢」，因此被視為唯一的「利潤」來源。

這就像一群人在玩撲克牌遊戲，手中的牌（股票）會在玩家（投資人）之間交換，每個人的牌值都可能因交易而變化，但總牌值不變。只有莊家（公司）偶爾發籌碼（股息）時，玩家才真正把錢放進口袋。從這個角度來說，股息確實是越多越好。

但是在現實市場中，資本利得往往是投資者的重要收益來源，而不發股息的成長型公司（像是早期的科技公司或是波克夏），通常會將利潤留在公司內部，用來再投資、擴展規模，這類公司並不適用 DDM。

財富自由的階梯

從財報與企業經營的角度，股息是從公司的淨利潤中分配。如果分紅多，留存在公司的收益就少，代表未來公司可用於投資、擴大生產規模的資金就會變少，進而削弱未來的成長與投資能力。

在《打破選股迷思的獲利心法》（*Investment Fables*）這本書中，作者列出美國 13 家發放高股利，且股利可長久的公司，並預估這些公司未來成長率。從右頁圖表 9-12 中可以發現：雖然這些公司穩定配息，但成長潛力普遍偏低。無論是企業基本面的成長，還是分析師預測的成長率都不太高。

這種情況，在財務學上被稱為「股息替代盈餘效應」（Dividend displacement of earnings）。意思是，雖然提高股息支付率可能拉高股價的本益比（Price-to-Earning Ratio，按：指每股市價除以每股盈餘，通常作為股票是便宜抑或昂貴的指標），但由於留存盈餘減少，企業成長率下降，反而抵銷了股息帶來的正面效果。

股息多一定好嗎？在不同階段、策略下，對高股息的解讀會截然不同。這沒有絕對的對錯，只有適不適合。

第九章　買股票好還是買 ETF 好？

圖表 9-12　13 家美國高股利公司的成長潛力都偏低

公司名稱	股東權益報酬率（%）	股利發放率（%）	預期成長率（%）	分析師預估5年成長率（%）
Micro Financial Inc.	1.71	15.87	1.44	未取得
Mission West Properties Inc.	6.55	38.1	4.05	未取得
Koger Equity Inc.	7.66	47.62	4.01	未取得
R.J. Reynolds Tobacco	2.81	60.13	1.12	5.50
Advanced Tobacco	10.53	62.5	3.95	未取得
Apex Mortgage Capital	4.53	64.31	1.62	未取得
Permian Basin Royalty Trust	4.16	65.88	1.42	未取得
Williams Coal & Steam Gas	5.44	66.17	1.84	未取得
Allegheny Energy	-1.25	68.53	-0.39	3.00
MFA Mortgage	3.38	70.89	0.98	未取得
UIL Holdings	1.81	76.39	0.43	3.80
NorthWestern Energy	3.74	78.4	0.81	2.70
Redwood Trust Inc.	5.35	79.25	1.11	未取得

資料來源：Barclays Wealth, Annual returns 1990 to 2005

財富自由的階梯

06

新興的主動型 ETF 是什麼？

主動型 ETF（Active ETF）是一種由專業基金經理人，根據既定的投資目標與策略，主動選股並調整投資組合的交易型開放式基金。與傳統的指數型 ETF 不同，主動型 ETF 不追蹤任何特定指數，而是由經理人根據市場與個股走勢進行靈活配置，目標是超越市場基準或達成特定投資目的。

為何國際上主動型 ETF 迅速成長？根據晨星《美國主動型 ETF 指南》（*Morningstar's Guide to US Active ETFs*），主動型 ETF 在美國市場中的占比已從 2019 年初的 2％ 多，成長到 2024 年 3 月底的 7％，其平均有機成長率持續超過 20％，原因包括：

- **監管法規變革**：美國證券交易委員會（SEC）於 2019 年通過「ETF 規則」（Rule 6c-11），不僅簡化了 ETF 的上市流程，也賦予投資組合經理人在申購與贖回 ETF 份額時更大的操作彈性。根據右頁圖表 9-13 所示，主動式 ETF 的數量自此幾乎成長了 3 倍，吸引了超過 6,000 億美元的資產。

第九章　買股票好還是買 ETF 好？

圖表 9-13　ETF 規則通過後，ETF 數量翻 3 倍、資金流入超過 6,000 億美元

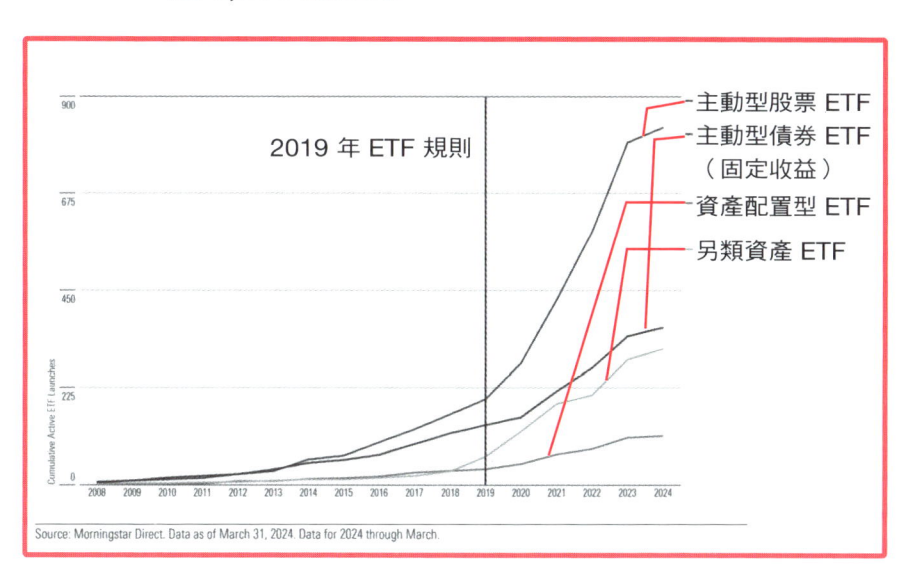

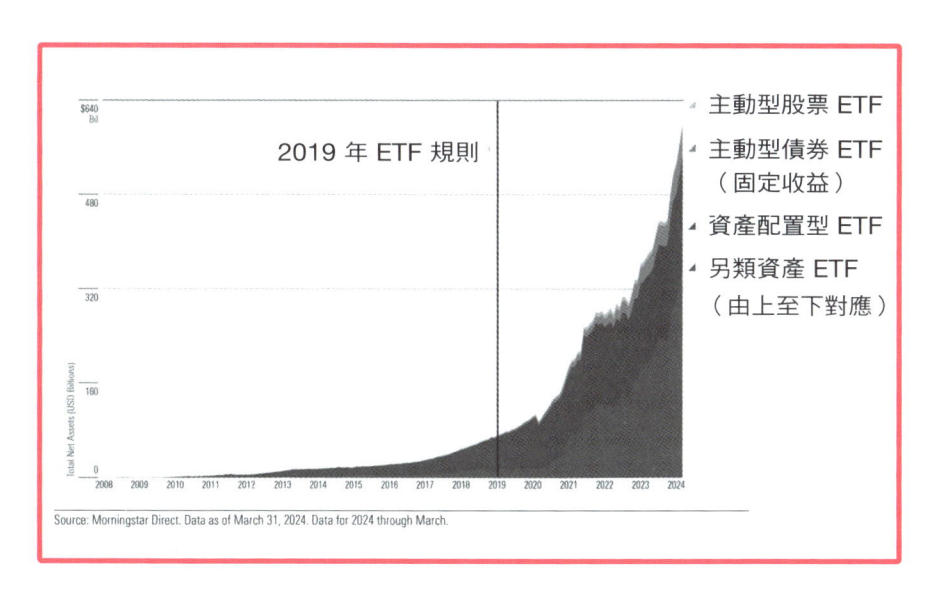

- **低成本需求轉向**：在過去 10 年中，有 8 年傳統主動型共同基金出現資金淨流出，年均成長率為 -2%，光 2022 年與 2023 年這兩年就流出高達 1 兆 6,000 億美元；反觀主動型 ETF 則年均成長率達 37%，顯示出投資人對低成本且具主動管理特色的產品有強烈需求（見圖表 9-14）。
- **透明度提高**：過去，主動基金經理人擔憂投資組合被複製，現今則更能接受投資組合透明化。
- **資產管理業轉型**：許多傳統基金公司開始將共同基金轉換為 ETF，或推出與現有基金策略「高度相似」的 ETF（複製型基金）。
- **專利限制解除**：先鋒集團曾獨家擁有「ETF 加掛共同基金類

圖表 9-14　投資人對低成本的主動管理產品產生需求

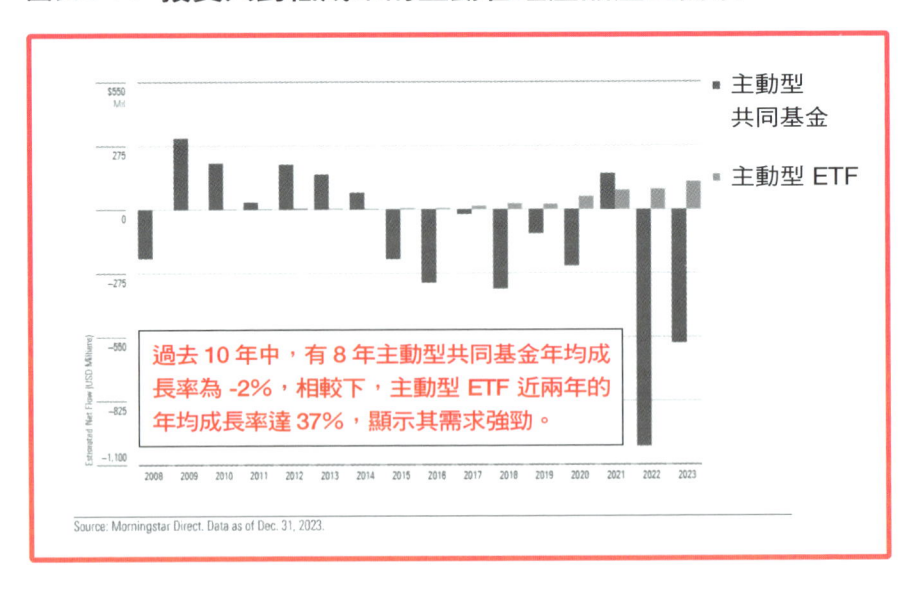

別」的專利。而隨著專利到期，其他公司得以透過相同架構參與市場，比如 DFA 便成功轉換並發展出完整 ETF 產品線。

主動型 ETF 對投資人而言是否重要？首先，主動型 ETF 讓投資者可以用更低的投資成本，獲得主動式管理的機會。根據晨星統計，主動型 ETF 費用平均比共同基金低 36％，且不需要分潤給基金公司亦是一大優勢。過去，共同基金為人詬病的就是管理費，有部分要分給銷售基金的通路，這對投資人來說會造成很大的成本疊加。

再加上，在某些資訊不完全或交易效率較低的市場，例如債券市場，主動管理策略相對更容易發揮效益，爭取超額報酬。

該如何理解主動型 ETF？

若只從產品層面理解主動型 ETF，容易陷入各產品規格與績效比較的迷霧。更有效的方式是從「投資風格與策略原則」出發來看。指數投資可依照不同策略而分成純指數、增強指數、多空增強、主動管理這 4 種策略（詳細介紹見第 11 章第 2 節）。

但是，主動型 ETF 要打敗市場並不容易。根據標普全球（S&P Global）發布的長期研究報告 SPIVA（S&P Indices Versus Active），全球多數主動型基金在長期表現上仍不敵標普 500 指數或其他基準指數。這一現象不只出現在美國，加拿大、歐洲、日

財富自由的階梯

本、南非、澳洲等地亦然，顯示主動績效的優勢往往是短暫的。

主動式 ETF 若要取得優於市場的報酬，需同時滿足兩個條件：第一，基金經理人的投資策略必須勝過被動追蹤大盤指數的表現；第二，在扣除相關成本與費用後，淨績效仍具優勢。因此，即使是主動式 ETF，挑選時仍應注重費用率。我個人認為，費用率至少應控制在 0.4％ 至 0.5％以下，才具備相對吸引力。雖然仍高於被動式 ETF，但已遠低於一般主動型共同基金動輒 1.5％ 的收費。

怎麼查詢主動型 ETF？

想搜尋主動型 ETF 的資料，其實很簡單，可以使用 ETF Database 網站上的 ETF 篩選器（見第 7 章第 4 節）。右頁圖表 9-15 是從網站查到的美股主動型 ETF 資料，並根據規模大小排序。

在國際上，主動型 ETF 有兩大發行商，分別是 DFA 和摩根大通（JPMorgan）。

DFA 的市占率約為 18.29％（見第 250 頁圖表 9-16），位居第一。該公司成立於 1981 年，主要進行系統化、類指數化的主動管理，追求長期風險溢酬。

摩根大通為主動型 ETF 市場的重要參與者，推出多檔主動型股票與債券 ETF，產品涵蓋多種資產類別，旗下主動型 ETF 如 JPMorgan 股票溢價收益主動型 ETF（JEPI）等，在市場擁有較高資產規模與流動性。

那麼，臺灣有哪些主動型 ETF？第 251 頁圖表 9-17 是截至

圖表 9-15　10 大美股主動型 ETF

名稱	代號	類別	規模（百萬美元）	總費用率	持股數	前10大持股占比
JPMorgan Equity Premium Income Fund	JEPI	股票	40,064	0.35%	111	18.71%
Dimensional U.S. Core Equity 2 ETF	DFAC	股票	33,551	0.17%	2,559	24.65%
JPMorgan Ultra-Short Income ETF	JPST	債券	31,583	0.18%	831	26.23%
JPMorgan NASDAQ Equity Premium Income ETF	JEPQ	股票	26,575	0.35%	93	53.47%
Janus Henderson AAA CLO ETF	JAAA	債券	21,127	0.20%	383	11.69%
Fidelity Total Bond ETF	FBND	債券	18,858	0.36%	4,284	19.26%
iShares U.S. Equity Factor Rotation Active ETF	DYNF	股票	18,106	0.27%	109	45.68%
Capital Group Dividend Value ETF	CGDV	股票	17,867	0.33%	54	42.77%
Avantis U.S. Small Cap Value ETF	AVUV	股票	15,683	0.25%	799	8.88%
Dimensional U.S. Equity Market ETF	DFUS	股票	14,721	0.09%	2,445	32.69%

財富自由的階梯

2025 年 6 月 22 日，台股預備發行的主動型 ETF，這些標的的共同點，是代號的結尾「A」。

圖表 9-16　主動型 ETF 發行商市占率比較

排名	名稱	總管理資產（億美元）	市占率
1	DFA	1,920	18.29%
2	摩根大通	1,530	14.64%
3	First Trust	750	7.14%
4	American Century	660	6.34%
5	資本集團（Capital Group）	660	6.31%
6	安碩（iShares）	490	4.66%
7	富達（Fidelity）	490	4.64%
8	駿利亨德森（Janus Henderson）	320	3.08%
9	品浩（PIMCO）	310	2.98%
10	Innovator	240	2.33%

資料來源：晨星，數據截至 2025 年 5 月 31 日。

第九章　買股票好還是買 ETF 好？

圖表 9-17　臺灣的主動型 ETF

名稱	代號	經理費	管理費	總管理費用
野村臺灣智慧優選主動型 ETF	00980A	0.75%	0.035%	0.785%
統一台股增長主動型 ETF	00981A	1.0%～1.2%	0.10%～0.12%	1.1%～1.32%
群益台灣精選強棒主動型 ETF	00982A	0.80%	0.035%	0.835%
中國信託 ARK 創新主動型 ETF	00983A	0.7%～1%	0.12%～0.15%	0.82%～1.15%
安聯台灣高息成長主動型 ETF（尚未上市）	00984A	0.7%	0.04%	0.74%
野村臺灣增強 50 主動型 ETF（尚未上市）	00985A	0.45%	0.035%	0.485%

第十章

AI 時代，
用機器人幫你理財

財富自由的階梯

01

機器人理財將成為你的金錢管家

未來，若人工智慧蓬勃發展，投資理財模式會變成什麼樣？我認為，人們將不再需要自己記帳，或透過 Excel 追蹤投資標的，而是交由一位「金錢管家」，全天候協助我們管理財務。而這位金錢管家應該要可以做到：

- 根據消費行為分析消費習慣，預測未來可能支出，並主動提醒是否有過度消費的傾向。
- 分析收入來源、穩健程度，並結合消費情況分析、評估我們的儲蓄能力。
- 根據個人條件推薦適合的投資標的或保險產品。
- 整理財經訊息，提供相關見解。
- 根據年齡提供理財指導，提升我們的財務知識水準。

當然還可以有非常多應用，這些都是未來金融科技可以發展的領域，特別是在投資中，機器人理財可以扮演非常關鍵的角色。

第十章　AI時代，用機器人幫你理財

根據麥肯錫（McKinsey & Company）針對亞洲財富管理科技趨勢的研究指出，未來將結合機器人理財與財富管理科技，並根據不同的客戶族群進行一個 5 步驟的分群流程，能夠塑造出更符合個人需求的體驗（見圖表 10-1）。

機器人理財可以根據客戶設定的財務目標，提供相應的投資策略，並自動調整投資組合以達成目標。結合數位和真人的混合服務，機器人理財亦可以在客戶需要時提供人工顧問的支援，回答客戶的問題並提供專業建議。

此外，這類型的自動化投資平臺可以即時監控投資組合的表現，根據市場變化進行再平衡，確保投資組合始終符合客戶的風險偏好和投資目標。

機器人理財最早起源於美國。美國第一家機器人理財公司 Betterment 的創辦人兼執行長喬恩・史坦（Jon Stein），因為自己的投資失利，而開創了新世代的理財方式。

圖表 10-1　機器人理財的 5 步驟分群流程

1 後台自動客戶分群	2 選擇財務目標	3	4 投組選擇即時檢視	5
大眾投資者		全數位		數位通知與行為輔導
富裕-投資頻率低		數位真人混合		遠端顧問協助
富裕-投資頻率高				定期顧問聯繫

資料來源：McKinsey & Company，阿爾發投顧整理 2024.7

財富自由的階梯

喬恩原本夢想成為醫師,卻因為怕血而改念經濟與行為科學,在哈佛大學(Harvard University)及哥倫比亞商學院(Columbia Business School)畢業後取得財務分析師(CFA)證照,便開始在華爾街擔任財務顧問。雖然專業背景雄厚,但他自己在投資上卻屢屢犯錯。他明明知道應該投資低風險、低成本的ETF,採取被動式策略,但人性中的過度自信卻讓他頻頻嘗試主動選股,結果反而賠了一大筆錢。

他了解到:**人性是投資中最大的風險**。為了克服人性弱點,喬恩決心研發一種結合簡單投資原則、智慧決策、自動化執行的理財工具。他請教在 Google 擔任工程師的室友如何架設網站,自學撰寫程式、開發,打造出第一版平臺,並取名為 Betterment,寓意是幫助客戶做出更好的財務決策,過更好的生活。

如今,Betterment 已成為美國最大的獨立線上財務顧問之一,管理資產從 2016 年 7 月的 50 億美元,成長至 2020 年超過 180 億美元,展現出市場對這類服務的高度需求。

機器人理財的市場規模

在國際市場方面,根據統計數據公司 Statista 資料顯示,2024 年管理資產已達到 1 兆 8,020 億美元,使用者人數超過 3,100 萬人,相當於臺灣人口的 1.3 倍。未來,全球機器人理財市場將持續擴張,預計在 2024 年至 2028 年間,年均成長率可達 6.68%,2028 年市場規模可望達到 2 兆 3,340 億美元。

第十章　AI 時代，用機器人幫你理財

在臺灣，根據金融監督管理委員會（簡稱金管會）統計數據。截至 2024 年第 4 季底，國內共有 17 家業者開辦機器人理財業務，累積資產規模達 112 億元，年增 43.78％，累積客戶數 21 萬 602 人。

機器人理財的 4 個發展階段

根據德勤（Deloitte）研究指出，機器人理財發展可分為 4 個階段（見下頁圖表 10-2）：

- **問卷調查、提供產品清單**

提供線上問卷諮詢，並提供產品選擇，例如：可以買什麼股票、基金或債券，又有什麼投資組合的建議。

- **客制化與動態調整**

根據個人需求與風險偏好，提供動態調整的資金管理建議。從這一步開始不再只是提供單一產品，而是可以幫助客戶全盤、簡易的了解自己的資產狀況與投資健檢。

- **演算法驅動**

依據演算法進行投資配置與調整。

- **全自動資產移轉**

全自動化的資產管理，包括自動轉帳，以及根據消費習慣推薦投資等。

財富自由的階梯

圖表 10-2　機器人理財的 4 個發展階段

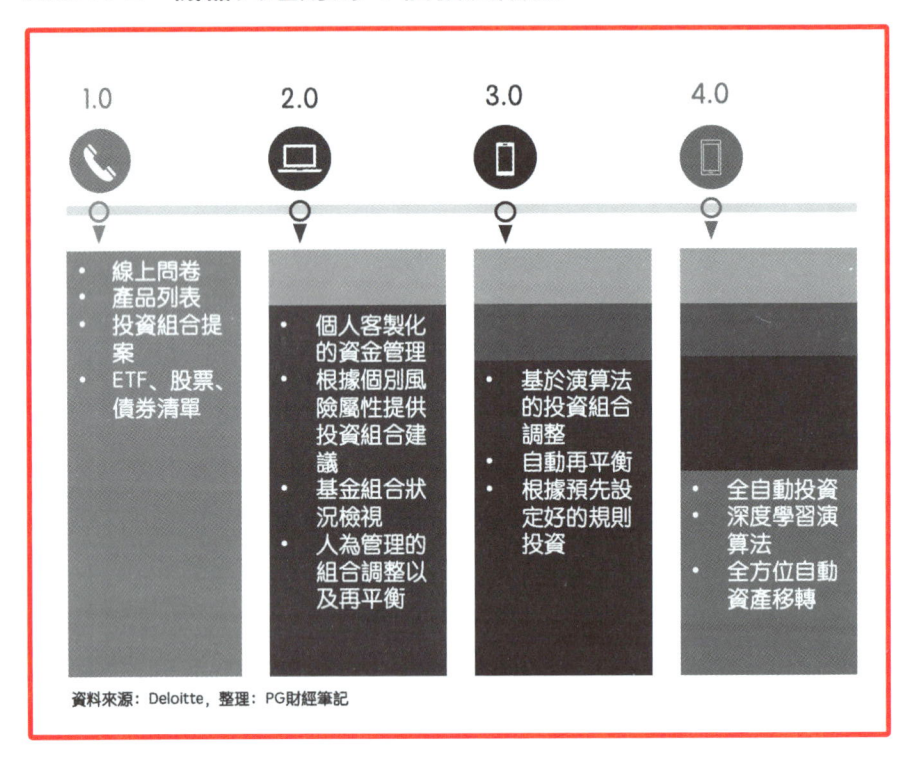

1.0	2.0	3.0	4.0
・線上問卷 ・產品列表 ・投資組合提案 ・ETF、股票、債券清單	・個人客製化的資金管理 ・根據個別風險屬性提供投資組合建議 ・基金組合狀況檢視 ・人為管理的組合調整以及再平衡	・基於演算法的投資組合調整 ・自動再平衡 ・根據預先設定好的規則投資	・全自動投資 ・深度學習演算法 ・全方位自動資產移轉

資料來源：Deloitte，整理：PG財經筆記

機器人理財的 5 大功能

那麼，機器人理財可以幫我們做什麼？這些功能可以讓投資變得更簡單，特別是對於理財新手而言。以下是其 5 大核心功能：

1. 記錄帳戶狀態並追蹤資產淨值。

自動追蹤每個銀行帳戶餘額，這樣就不用逐一登入不同的銀行，也不用再收到一大堆登入成功的 E-mail 通知信。

第十章　AI時代，用機器人幫你理財

美國的 Personal Capital 平臺可以透過開放銀行（open-banking）的方式，連結個人的銀行或證券帳號，讓客戶可以即時查看每一個帳戶的餘額與狀況。

2. 分析並管理收入支出。

有了記帳功能後，就可以自動產生圖表，分析收入與支出的來源。這項功能的價值在於，讓我們清楚了解自己的財務狀況，並適時發現是否過度消費或儲蓄不足。Personal Capital 也可以幫我們自動連結銀行、證券、信用卡、貸款帳戶。透過這些資料幫我們記帳、分析現金流，就像我們專屬的財務管家一樣。

3. 自動投資。

自動買入投資商品並建構投資組合，以及可以做到持續追蹤並調整。

4. 投資組合分析與健檢。

評估投資組合的風險與回報，讓用戶知道當前投資狀況。提供投資組合與比較基準的比較，以及了解整體投資組合的效率、投資成本。

5. 財務規畫。

被動收入、準備退休金、決定如何提領資產、買房、買車、財富累積與傳承。

財富自由的階梯

綜合以上所述，我們可以歸納出機器人理財的 5 個優點：一，可以為投資人量身訂製最佳投資組合；二，無須盯盤，可以節省大量時間；三，完全線上操作，隨時隨地就可完成；四，可以幫助投資人克服情緒波動，維持投資的紀律；五，入門門檻低，不需要高額資金（真人理財顧問的門檻大約是 200 萬元到 300 萬元，但機器人理財只要 1,000 元到 3,000 元左右就可以輕鬆開始）。

缺點則是這方面的技術尚有兩處局限：一，未必能完全客製化。因為機器人理財通常是用套餐設計，系統背後會有一套固定的組合，只能投資固定標的、不能更改投資組合。不過畢竟是自動化，如果想要自己投資，現階段投資人得自己去購買。針對這個缺點，美國有些機器人理財公司已開放權限，提供投資人選擇自己想要的東西，例如客製化的指數投資組合、直接指數化、推出不同種類的衛星投資組合等滿足不同需求。

第二個局限則是，需要付出額外費用。部分機器人理財平臺會收取平臺使用費或信託管理費、顧問費。至於是否划算，就看提供的服務能不能節省自己的時間，或是比自己做的更完善。

機器人理財運行的 6 步驟

機器人理財有固定的運作方式，分為 6 個步驟：

1 需求檢視。

當我們有理財需求時（例如想賺錢、買房，或為退休做準

第十章　AI時代，用機器人幫你理財

備），就可以利用機器人理財平臺的問卷或線上問答，讓系統蒐集我們的需求，以了解我們的理財目標。

2 目標設定。

根據不同目標，系統會先設定好，引導我們進行後續的制式評估流程。

3 風險評估。

在線上互動的過程中，平臺會詢問問題，以評估適合我們的投資規畫。這些問題主要是分析投資人的期望報酬、風險偏好、投資期間等。

4 資產配置。

時至今日，大多數機器人顧問開始使用被動式投資的策略，這些策略源自於諾貝爾經濟學獎的現代投資組合理論（MPT），並依據此基礎進行優化。

5 投資建議。

機器人會依據既定的規則計算投資組合配置比例，這通常是依照投資組合理論來設計。有些機器人理財平臺還會提供進一步優化的選項，如社會責任投資（Socially responsible investing，縮寫為SRI，一種旨在最大限度的提高財務回報和對社會和環境的積極影響的投資）、清真投資（Halal Investing，也稱為伊斯蘭投資，是根據伊斯蘭教義與規範進行的投資行為）或模仿避險基金的戰術策略等，以滿足不同的投資需求。

6 定期追蹤。

絕大多數的機器人理財平臺採取被動式投資策略，並定期調整

財富自由的階梯

投資組合。相較於人工規畫,機器人理財具有更低的成本,且不受時間、空間限制。換匯、下單、定期平衡、計算損益等繁瑣工作都能自動化,進而幫助我們執行更為簡單且高效的投資策略,例如被動投資、指數化投資、資產配置等。

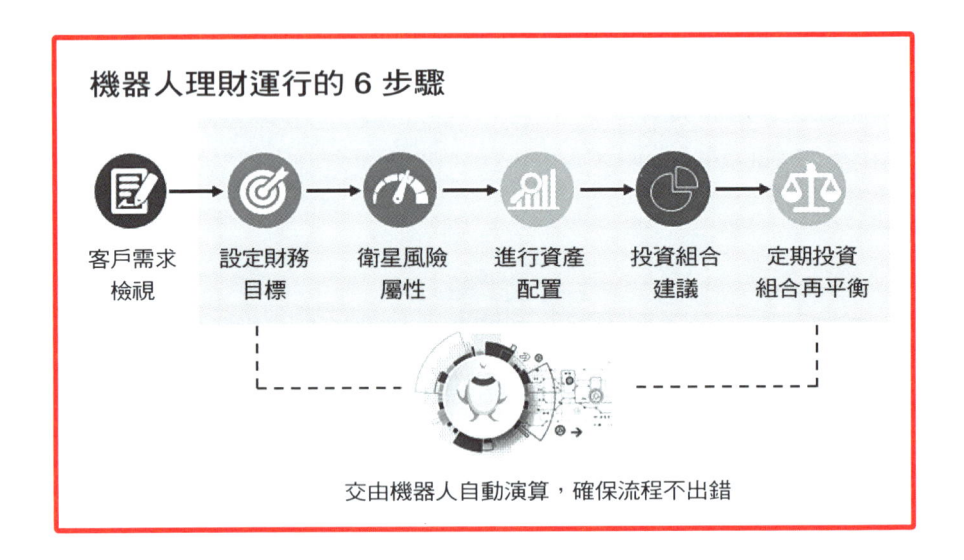

機器人理財運行的 6 步驟

客戶需求檢視 → 設定財務目標 → 衛星風險屬性 → 進行資產配置 → 投資組合建議 → 定期投資組合再平衡

交由機器人自動演算,確保流程不出錯

機器人理財的投資標的有哪些?

身為使用者,透明度是一個考量,因此我們要審慎觀察機器人理財建議的投資標的。

1. 共同基金。

第 1 類是建議投資共同基金,這類以銀行推出的機器人理財為主。如果是共同基金,要觀察它建議哪些基金,並留意基金的內扣

總開銷費用、平臺管理費、交易手續費等。

2. ETF。

第 2 類是建議投資 ETF，這類以銀行與少數投顧推出的機器人理財為主。使用 ETF 的優點是兼具共同基金的分散，但 ETF 本身的內扣費用比基金低。值得注意的是，美國多數機器人理財公司使用 ETF、或是低成本的指數基金。

即使是使用主動操作的共同基金，也會挑選成本較低的。在美國有超過 500 家機器人理財公司，幾乎都是採用先鋒集團 ETF，因為先鋒集團的特殊結構，整體基金的費用是 0.1％，替客戶節省非常多的費用。

3. 個別股票。

有些平臺會允許客戶直接持有個別股票。例如美國券商嘉信理財於 2022 年 3 月 31 日推出的 Schwab Personalized Indexing™ 服務。Direct indexing 是直接指數化，讓投資人不用透過持有 ETF 或是基金，直接持有一籃子股票。

機器人理財會收取哪些費用？

費用是消費者相當關注的問題。羊毛出在羊身上，如果是免費功能，也得小心是否有隱藏費用。機器人理財的收費，主要來自於以下 3 種：

財富自由的階梯

- **平臺管理費**

根據用戶在平臺投資的資金規模收取，名目通常為：信託管理費、帳戶管理費、顧問管理費等。如果是按照資金規模收取，臺灣目前通常為 1 年 1%。

- **交易手續費**

用戶交易時收取。

- **投資工具內含費用**

費用包含國內基金總開銷費用：1% 至 3%，加上平臺管理費、交易手續費等，小心省了時間但花了過多費用，很可能讓我們在投資前就先付出 3% 至 5%，不得不留意。

總結來說，如果你是生活忙碌、無心理財的人，或是面對股市容易緊張，需要協助以維持投資紀律，又或是希望系統可以自動調整、自動再平衡，若你有以上這些煩惱，就可以考慮開始使用機器人理財。

機器人理財現在已在全球主要的國家蓬勃發展，越來越多人使用的便捷服務。臺灣的機器人理財才剛興起，未來還有許多發展空間。省時、紀律是機器人理財主要的強項，費用是否值得、規畫是否完整，是使用者要留意的。最後，機器人理財還是有投資風險，投資前要多加注意。

第十章　AI 時代，用機器人幫你理財

02

10 年後累積千萬資產的方法

　　王先生，是一位 30 歲的科技業工程師，薪水不錯，生活穩定。每個月扣除生活開銷與房屋貸款後，大約還能存下 2 萬元。他想知道，該如何好好利用這筆資金，為未來的退休生活做準備。

　　我以我們公司設計並開發的「阿爾發機器人理財平臺」，作為規畫的工具。我建議他，與其只投資幾檔股票，倒不如透過 ETF 分散風險，進行更全面的市場布局。ETF 可以一次性分散投資於多支股票或指數，無須擔心單一股票的波動，長期下來更能獲得穩健的回報。而且，每月能存下的這筆資金，如果單純存放在銀行，利息收益其實非常有限。若每月定期定額投入 ETF，長期回測的報酬率可落在約 6% 至 9%。

　　若以股債比 80／20 的 ETF 投資組合（包含美國股市、國際股市、全球 REITs、全球債券的多元資產）為例，根據回測的數據顯示，長期績效可以達到約 7% 至 8%（見下頁圖表 10-3）。

　　在準備退休金上，我建議「早準備、先求有、再求好」：

財富自由的階梯

- 早準備：當有念頭時就開始投資理財。
- 先求有：在法定退休年齡（60 歲或 65 歲）時，擁有一筆基本的退休金。
- 再求好：先滿足基礎開銷，再追求更好的生活品質。

模擬市場，想像累積千萬資產的方法

根據蒙地卡羅模擬法（Monte Carlo method，見第 271 頁），我們可以模擬出未來市場的走勢。在一般情況下，若王先生每月持續投入 2 萬元，到了 40 歲時（2034 年），他有望累積約 330 萬元的資產。與之對比，若僅將資金存放在銀行，假設利率為 1％，40

圖表 10-3　股債比 80／20 的 ETF 投資組合，年化報酬率可達 7.53％。

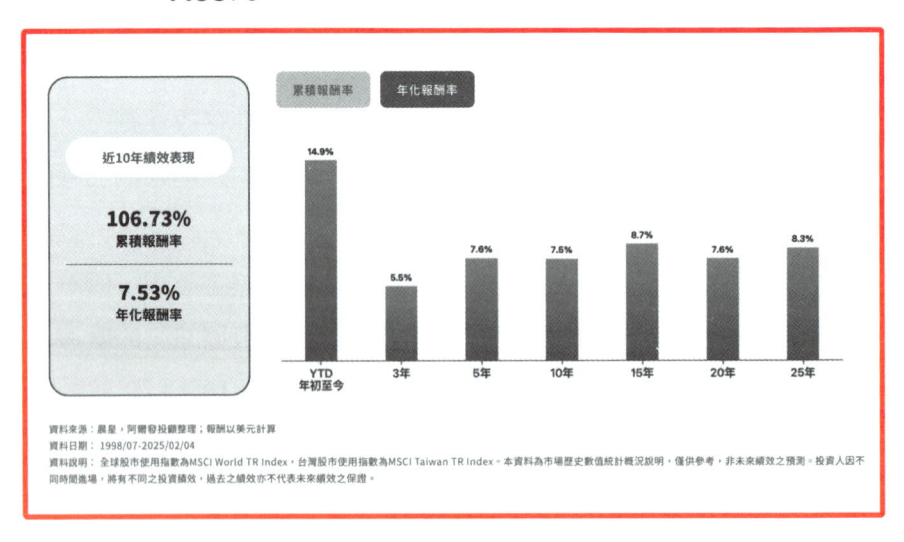

近10年績效表現
106.73% 累積報酬率
7.53% 年化報酬率

期間	年化報酬率
YTD 年初至今	14.9%
3年	5.5%
5年	7.6%
10年	7.6%
15年	8.7%
20年	7.6%
25年	8.3%

資料來源：晨星，阿爾發投顧整理；報酬以美元計算
資料日期：1998/07-2025/02/04
資料說明：全球股市使用指數為MSCI World TR Index，台灣股市使用指數為MSCI Taiwan TR Index。本資料為市場歷史數值統計概況說明，僅供參考，非未來績效之預測。投資人因不同時間進場，將有不同之投資績效，過去之績效亦不代表未來績效之保證。

第十章　AI時代，用機器人幫你理財

歲時只能累積到約 243 萬元（見圖表 10-4）。

圖表 10-4　每月持續投入 2 萬元，10 年後可累積的資產

2034 年 退休前累積總金額
預估投入金額　NTD $ 2,400,000.00
● 在 alpha 投資
市場較好情況　NTD $ 3,977,680.46
市場一般情況　NTD $ 3,337,861.56
市場較差情況　NTD $ 2,819,027.21
● 在銀行定存
銀行存款　　　NTD $ 2,438,193.47

目標金額　NTD$ 35,977,502

單位：NTD
退休提領金額有考慮通膨計算。
模擬之結果僅供參考，無法保證準確性，未來實際狀況可能與模擬數值有所落差。

若持續投入並持有到 50 歲（2044 年），他的資產預計可達 1,000 萬元，最保守的情況下也有可能累積到 783 萬元，樂觀情境下則可達 1,317 萬元（見下頁圖表 10-5）。

根據模擬，王先生有機會可以在 60 歲（2054 年）時，累積超過 2,000 萬元資產（見下頁圖表 10-6）。接下來的問題是，該如何提領，才能確保退休生活無虞匱乏？

國外的主流策略是總報酬提領法（Total return approach），鼓勵維持一定的資產配置，比如股債並行，每年提領固定金額。

我們可以再次使用蒙地卡羅方法模擬提領計畫：如果每月提領 4 萬元，他的資產可支持他提領到 90 歲（2084 年），成功率高

財富自由的階梯

圖表 10-5　每月持續投入 2 萬元，20 年後可累積的資產

2044 年 退休前累積總金額

預估投入金額　　NTD $ 4,800,000.00
● 在 alpha 投資
市場較好情況　NTD $ 13,178,470.58
市場一般情況　NTD $ 10,063,831.34
市場較差情況　NTD $ 7,839,838.33
● 在銀行定存
銀行存款　　　NTD $ 5,098,772.93

目標金額　NTD$ 35,977,502

單位：NTD
模擬之結果僅供參考，無法保證準確性，未來實際狀況可能與模擬數值有所落差。
退休提領金額有考慮通膨計算。

圖表 10-6　累積到 60 歲時，資產已超過 2,000 萬元

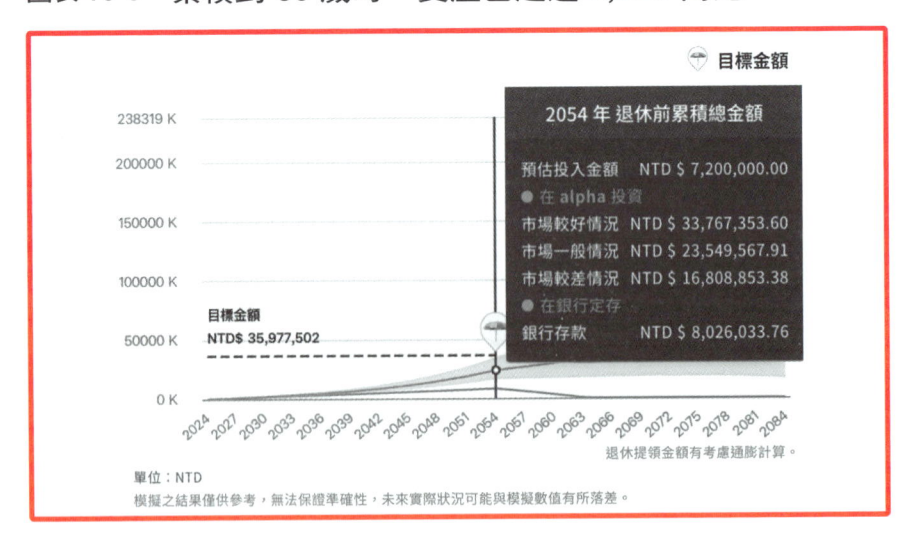

2054 年 退休前累積總金額

預估投入金額　　NTD $ 7,200,000.00
● 在 alpha 投資
市場較好情況　NTD $ 33,767,353.60
市場一般情況　NTD $ 23,549,567.91
市場較差情況　NTD $ 16,808,853.38
● 在銀行定存
銀行存款　　　NTD $ 8,026,033.76

目標金額　NTD$ 35,977,502

單位：NTD
模擬之結果僅供參考，無法保證準確性，未來實際狀況可能與模擬數值有所落差。
退休提領金額有考慮通膨計算。

第十章　AI時代，用機器人幫你理財

達85％。另一方面，假設都不投資，銀行存款將會在70歲（2064年）時歸零（見圖表10-7）。

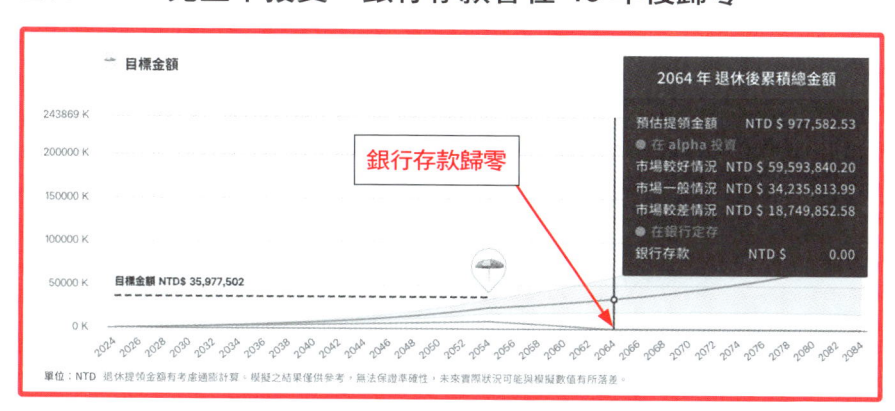

圖表10-7　完全不投資，銀行存款會在40年後歸零

你可能會想問，為什麼一個月只能領4萬元？千萬資產不是應該很充裕嗎？但實際上，當我們改成每個月花8萬元時，資產就可能提前耗盡（見下頁圖表10-8）。比如，剛退休時投資市場表現不佳（如何影響？詳見下一節說明），又或是當我們壽命超乎預期時，錢就會不夠。以萬次模擬來看，成功次數約4,300次（成功率43％）。如果想將每月提領的退休金金額提高到8萬元，就得在一開始投資450萬元，或將定期定額提高到4.5萬元才最保險。

以每月提領5萬元來試算，萬次模擬的成功次數也只有約7,300次（成功率73％）。但以較不樂觀的角度來看，有部分情形資產可能提前耗盡，這也是我們不樂見的。

提領試算可以幫助我們評估資金的使用狀況，確保財務充裕、

財富自由的階梯

圖表 10-8　每月提領 8 萬元，銀行存款將會提前耗盡

2068 年 退休後累積總金額
預估提領金額　　NTD $ 2,109,638.71
● 在 alpha 投資
市場較好情況　NTD $ 50,542,638.11
市場一般情況　NTD $ 18,161,924.61
市場較差情況　　　NTD $ 　　0.00
● 在銀行定存
銀行存款　　　　　NTD $ 　　0.00

目標金額 NTD$ 71,955,004

每月提領 8 萬元
銀行存款提前歸零

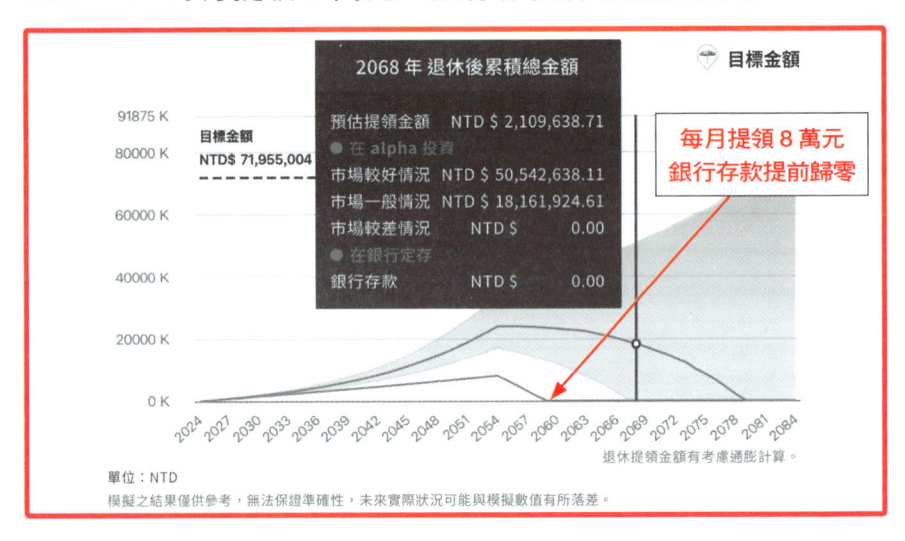

單位：NTD
退休提領金額有考慮通膨計算。
模擬之結果僅供參考，無法保證準確性，未來實際狀況可能與模擬數值有所落差。

圖表 10-9　每月提領 5 萬元，在較差情況下，資產仍可能提前耗盡

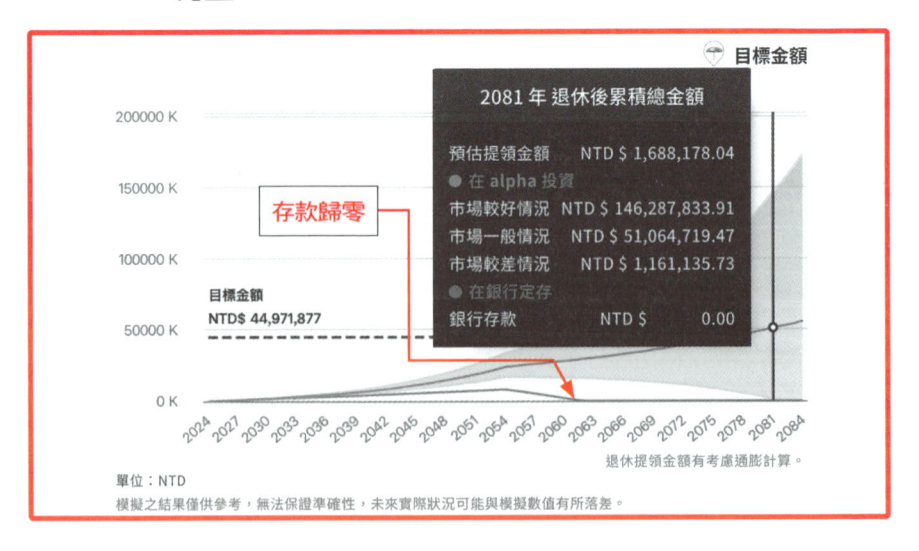

2081 年 退休後累積總金額
預估提領金額　　NTD $ 1,688,178.04
● 在 alpha 投資
市場較好情況　NTD $ 146,287,833.91
市場一般情況　NTD $ 51,064,719.47
市場較差情況　NTD $ 1,161,135.37
● 在銀行定存
銀行存款　　　　　NTD $ 　　0.00

目標金額 NTD$ 44,971,877

存款歸零

單位：NTD
退休提領金額有考慮通膨計算。
模擬之結果僅供參考，無法保證準確性，未來實際狀況可能與模擬數值有所落差。

第十章　AI時代，用機器人幫你理財

不會過早耗盡，也不會留下過多剩餘資產（當然，也能試算最終可留下多少資產）。

因此，在資源有限下，如果想領多一點，就得承擔提早花完的風險；如果擔心提早花完，一開始就得保守謹慎些。

在規畫上，我認為並不存在「完美」的計畫，只有最適合自己的計畫，市場、我們自身的狀況會持續改變，定期檢視、持續規畫才能確保自己能夠達標。

POINT PG 入門筆記

蒙地卡羅模擬法是透過模擬各種可能的市場情境下，真實評估資產未來的累積狀況。

從開始累積退休準備金，直到完成或結束退休生涯的期間，採用隨機方式選取每年波動的市場報酬，不僅僅只根據歷史績效來進行試算判斷，而是生成 10,000 個市場假設情況來進行模擬，為長達數十年的投資期間，進行上萬次的模擬試算，由此評估各式的市場狀況對退休準備金帳戶的影響。

財富自由的階梯

03

漲跌順序決定你的最終回報

　　報酬順序風險（Sequence of Return Risk），指在退休之際正好遇到股市低迷，被迫在價格不好時售出的情形。這個風險並不是指賺到比較少報酬，而是來自「先賺後賠」、「退休後就賠錢」。

　　將要退休的人、FIRE（Financial Independence Retire Early，指財務獨立、提早退休）族群，都要特別注意這一點。

　　舉例來說，假設我們在 2000 年初期累積了 100 萬美元，用只投資美國整體股市的組合退休。接下來按照 4% 法則（見第 280 頁），在第 1 年提取 4 萬美元，此後每年根據通膨率 2% 提高提領金額。

　　在 2000 年至 2020 年間，美國股市每年回報約 6.95%，算是相當不錯。在這 21 年間，我們會從投資組合中提取超過 100 萬美元，過上充足的生活，而帳戶餘額仍將略高於 65 萬美元。

　　情況還行，不過相較於剛退休時，投資組合還是減少了約 35 萬美元，如果用標普 500 指數，剩餘的金額還更少。

　　右頁圖表 10-10 是 2000 年至 2020 年間的股票投資報酬率。我

第十章　AI時代，用機器人幫你理財

圖表10-10　一退休就遇到股市大跌，資產大幅縮水

年度	累積資產（美元）	提領金額（次年金額為前一年乘以102%）	當年度市場報酬	年末淨值（先提領金額後再乘以市場報酬率）
2000	1,000,000	40,000	-10.57%	858,528
2001	858,528	40,800	-10.97%	728,023
2002	728,023	41,616	-20.96%	542,536
2003	542,536	42,448	31.35%	656,866
2004	656,866	43,297	12.52%	690,387
2005	690,387	44,163	5.98%	684,868
2006	684,868	45,046	15.51%	739,058
2007	739,058	45,947	5.49%	731,162
2008	731,162	46,866	-37.04%	430,833
2009	430,833	47,804	28.70%	492,958
2010	492,958	48,760	17.09%	520,112
2011	520,112	49,735	0.96%	474,893
2012	474,893	50,730	16.25%	493,089
2013	493,089	51,744	33.35%	588,534
2014	588,534	52,779	12.43%	602,349
2015	602,349	53,835	0.29%	550,105
2016	550,105	54,911	12.53%	557,241
2017	557,241	56,010	21.05%	606,741
2018	606,741	57,130	-5.26%	520,701
2019	520,701	58,272	30.65%	604,163
2020	604,163	59,438	20.87%	**658,409**

財富自由的階梯

們可以看到,從 2000 年到 2002 年,股票市場下跌了 42.5%,這是在理財規畫上最不想遇到的情況之一。

再來,為了說明報酬順序風險,我們把報酬反過來。假設 2000 年的報酬不是 -10.57%,而是 2020 年的 20.87%,頭尾對調後,第 1 年(2000 年)變成 20.87%、第 2 年變成 30.65%……以此類推,右頁圖表 10-11 為報酬率顛倒的結果。

以同樣的提領方式(初始金額 100 萬美元;每年領 4 萬美元,並依據通膨逐年調高),在報酬顛倒順序之下,最後的餘額竟變成約 254 萬美元,兩者相差近 189 萬美元(2,544,557－658,409＝1,886,148)!同樣的投資方式、提領策略,但只是因為報酬順序不一樣,居然帶來如此不同的結果(見第 276 頁圖表 10-12)。

當你滿心期待的迎接退休生活,卻遇到像 2001 年初、2008 年這樣的股市大跌(如第 276 頁圖表 10-13),那會是一個非常棘手的局面。此時你已經沒有工作收入,基本上沒有能力買進新股,而這時還得賣出股票變現,等於是在市場低點出場。

我們面臨的最大風險在於:我們無法控制退休後的市場表現。若投資規畫時沒有考量報酬順序的風險,即使資產看似充足,也可能因為運氣不佳而迅速縮水,導致原本看起來安全的投資規畫變得岌岌可危。

《簡單致富的 21 條理財金律》(*The Little Book of Main Street Money*)也有提到報酬順序、買賣順序,對投資組合的影響:

「若你剛退休,即使儲蓄很豐厚,如果運氣欠佳,可能會在退休之際碰上股市低迷。對還在工作的人,股市大幅下跌其實還有一

第十章　AI時代，用機器人幫你理財

圖表 10-11　把圖表 10-10 的報酬順序顛倒，結果竟相差 189 萬美元

年度	累積資產（美元）	提領金額（次年金額為前一年乘以102%）	當年度市場報酬	年末淨值（先提領金額後再乘以市場報酬率）
2000	1,000,000	40,000	20.87%	1,160,352
2001	1,160,352	40,800	30.65%	1,462,695
2002	1,462,695	41,616	-5.26%	1,346,330
2003	1,346,330	42,448	21.05%	1,578,349
2004	1,578,349	43,297	12.53%	1,727,393
2005	1,727,393	44,163	0.29%	1,688,112
2006	1,688,112	45,046	12.43%	1,847,298
2007	1,847,298	45,947	33.35%	2,402,101
2008	2,402,101	46,866	16.25%	2,737,960
2009	2,737,960	47,804	0.96%	2,715,982
2010	2,715,982	48,760	17.09%	3,123,051
2011	3,123,051	49,735	28.70%	3,955,357
2012	3,955,357	50,730	-37.04%	2,458,353
2013	2,458,353	51,744	5.49%	2,538,732
2014	2,538,732	52,779	15.51%	2,871,524
2015	2,871,524	53,835	5.98%	2,986,187
2016	2,986,187	54,911	12.52%	3,298,272
2017	3,298,272	56,010	31.35%	4,258,711
2018	4,258,711	57,130	-20.96%	3,320,930
2019	3,320,930	58,272	-10.97%	2,904,744
2020	2,904,744	59,438	-10.57%	**2,544,557**

財富自由的階梯

圖表 10-12 漲跌順序不同，資產累積差很多

2,544,557 美元

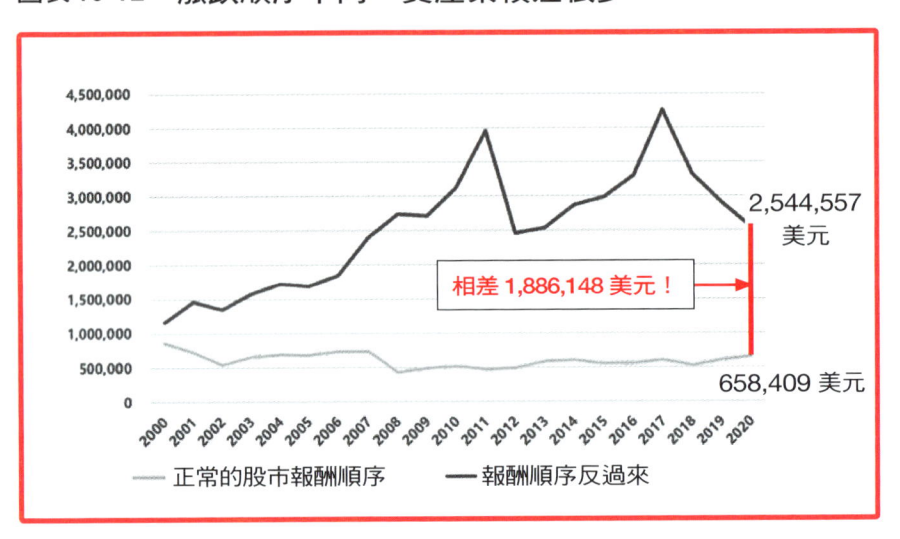

相差 1,886,148 美元！

658,409 美元

—— 正常的股市報酬順序　　—— 報酬順序反過來

圖表 10-13 退休後若遭遇股票大跌，資產將會迅速縮水

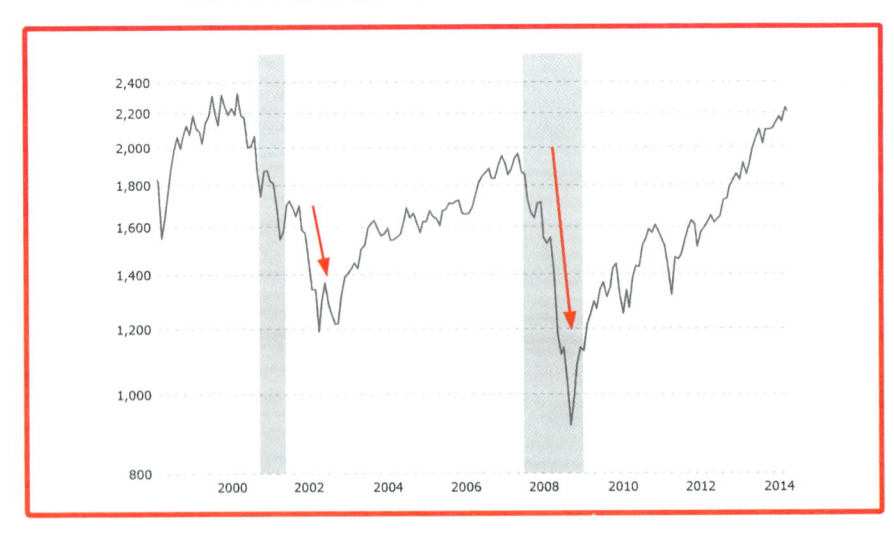

第十章　AI 時代，用機器人幫你理財

線希望，因為他們可以用每個月的儲蓄去低價買進。可是對已經退休的人就是另一回事，因為已經沒有能力去買進，反而是要賣出變現來過日子。因此『熊市』意味著財富將大大縮水外，再加上需要錢過日子，兩方夾擊下，會讓投組價值大幅下降，而且恐怕再也無法復原，進而使得餘生得節儉度日。」

該如何預防這種情況？

要預防這樣的情況，首先我們必須**多樣化自己投資組合**，增強防禦力。

多數人投資 ETF 時都會進行股債配置，所以在投資組合中添加美國中期國債，建立一個股債比 60／40 的投資組合，最後帳上價值將會比原有多。原因在於加入債券對沖下跌的風險後，可提供下跌年分更多的收益（見下頁圖表 10-14）。

全股票的資產雖然最後報酬率可能較高，但是面臨熊市提領時，減損情形會比股債組合還嚴重。所以分散投資、做好資產配置是延續資產價值、對抗資產減損的好方法。

再者，要**定期執行再平衡，避免股債偏離過多**。以這個例子來說，60／40 投資組合若每年定期執行再平衡，就可以將投資報酬率從 6.28％ 提升至 6.80％。

下頁圖表 10-15 整理了最後剩餘的資金，經過資產配置搭配再平衡可有效提高剩餘金額。

這樣一來，就可以較聰明的提取資產，當股市較好時，從股市

財富自由的階梯

圖表 10-14　只投資股票 vs. 60／40 配置的報酬率

年度	只投資股票的報酬率	60／40 配置的報酬率
2000	-10.57%	-0.73%
2001	-10.97%	-3.56%
2002	-20.96%	-6.92%
2008	-37.04%	-16.89%
2018	-5.26%	-2.75%

資料來源：Vanguard Total Stock Market Index Fund（VTSMX）1993+，Vanguard Intermediate-Term Treasury Fund（VFITX）1992+

圖表 10-15　資產配置是否進行再平衡的最終報酬比較

投資組合	股票百分百	60／40 資產配置（無再平衡）	60／40 資產配置（有再平衡）
退休起始資產（元）	1,000,000	1,000,000	1,000,000
總共提領金額（元）	1,031,333	1,031,333	1,031,333
最後帳戶剩餘金額（元）	658,409	1,117,349	1,317,005

執行再平衡，最後可增加近 20 萬元

第十章　AI時代，用機器人幫你理財

提領資產；當債市較好時從債市提領資金。

接著，要設計保守彈性的財務計畫，精算投資配置。

完美的投資組合只能從事後才能發現，每個人都面臨不同的市場狀況、人生狀況，因此要應對報酬順序風險最好、最簡單的方式，就是制定一個彈性的財務計畫並根據狀況做調整。

無論處於何種狀況，提早退休與否，追求自己想要的人生，是多數人的憧憬。退休後沒有充足時間、體力回到職場，彌補市場下跌造成的損失，這意味著我們要準備更多的現金或債券，以度過熊市或是衰退，避免賣在市場下跌時。

千萬不要因為目前債券表現不好，就不進行配置，這就像是在路上開車，覺得一切正常，就把煞車拔掉一樣危險。

最後，要了解、注意自己預測報酬的方式。

如果你有用網路上的退休試算公式，你應該要留意一下它們使用的是哪一種報酬率推算法。因為報酬順序風險的影響，國外許多財務規畫專家已經不再用平均報酬率來做財務預測。現在大多會運用前一節提到的蒙地卡羅模擬法，利用上百甚至上千種不同的市場現象來測試某項策略。蒙地卡羅模擬法被廣泛運用在許多領域，包含電子、氣象等領域，在財務領域經常使用。

以往我們只能憑感覺理財，現在隨著科技與產業進步，投資規畫可是相當客製化、科學化，我們也能學習到更多的技術，以面對未來不確定的狀況，幫助我們梳理自己的財務狀況。

財富自由的階梯

04

無限期的被動收入

在總報酬提領法的章節中,我們提到了「安全提領率」的概念。如果採用 3% 提領率來規畫,就可以推算出我們需要多少資產,才能無限期「養得起」某項持續性開銷。其計算方式如下:

> 每年須支出的金額÷3%＝需要的總資產（無限期養得起）
> →需要的總資產,大約等於每年支出金額的 33.3 倍

假設每個月支出 1 萬元,即 1 年 12 萬元,按照 3% 提領率原則,我們需要準備將近 400 萬元（12×33.3＝399.6≒400）。有了 400 萬元的資產持續投資,若每年提領 12 萬元,這樣本金幾乎不會耗盡,等於無限期擁有。

為什麼是 3%,而不是先前提到的 4%？

4% 法則最早源自於財務顧問威廉・班根（William Bengen）在 1994 年提出的研究報告。他透過回測美國在 1926 年至 1976 年

第十章　AI 時代，用機器人幫你理財

的股票與債券報酬率，提出 4% 提領率在 30 年退休期、假設 50／50 股債組合，並考慮 2% 通膨調整的狀況下，成功機率（即不耗盡資金的機率）約 90% 至 95%。

他也分析了更保守提領率（如 3%）的成功機率，結果顯示即使在最差的市場情景（如 1929 年大蕭條或 1970 年代停滯性通膨），成功機率也接近 100%（30 年退休期）。班根指出，即使是 50 年以上的超長退休期，3% 提領率也能保持近 100% 的成功機率。

後來 Trinity Study 在 1998 年更新並擴展了班根的研究，分析 1926 年至 1995 年美國市場數據，檢驗不同提領率和資產配置的成功機率，研究涵蓋 3%、4% 等提領率，並假設通膨調整後的固定提領。該研究也指出，3% 提領率在 30 年至 40 年的退休期內幾乎保證資金安全，更適合厭惡風險，或需要應對長壽風險的人。

晨星在 2023 年的動態提領研究中，使用蒙地卡羅模擬法分析不同提領率在未來市場預期下的成功機率，考慮通膨、費用和市場波動，研究特別關注保守提領策略（如 3%）在低利率環境下的表現，並得出以下數據：

- 3% 提領率（30 年退休期，50／50 股債比）

成功機率：99%（假設未來報酬率低於歷史平均，且通膨率為 2.5%）。

- 3% 提領率（將退休期延長至 40 年）

成功機率：95% 至 97%（已將低債券收益率和市場波動等納

財富自由的階梯

入考量）。

- 4% 提領率（30 年退休期）

成功機率：約 90％（在低報酬環境下降低至 85％）。

幾乎所有研究都顯示，3% 提領率在 30 年退休期內的成功機率接近 100％，即使在 40 年超長退休期也保持 95％ 以上，適合長壽風險、低報酬環境，或希望保留遺產的人。

不過在這樣的提領率之下，我們會需要準備更多退休金，也可能得延長儲蓄時間或降低退休生活品質，因此實際操作上仍須結合當下的市場環境，跟動態調整對於報酬的預估，才可以更靈活的應對。

第十一章

未來，投資組合可以更加個人化

財富自由的階梯

01

未來基金發展趨勢──
主動與被動相結合

　　主動管理，指投資專業人士透過選擇個別證券創造超額收益；被動管理則是指透過追蹤市值加權的市場基準指數，進而參與投資整個市場。

　　在過去 50 年間，投資管理策略大致分為主動管理與被動管理，也帶來了長達數十年的爭論：到底哪個比較好？但這種分類方式已經過時，未來，我們應以「光譜」的概念，理解投資策略與產品分類，才能更貼近市場的演變與多樣性。

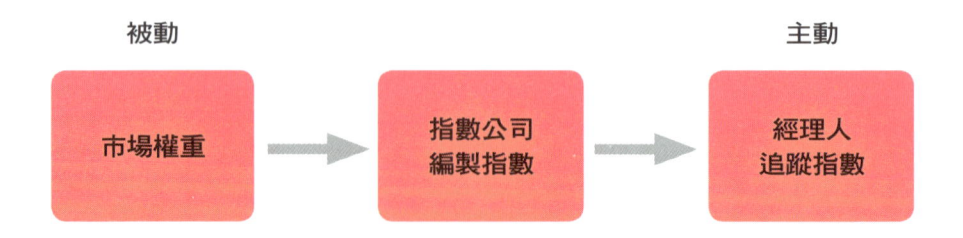

被動　　　　　　　　　　　　　　　　　　　　　主動

| 市場權重 | → | 指數公司編製指數 | → | 經理人追蹤指數 |

　　雖然市值加權指數策略被視為傳統的被動投資形式，但不應誤以為這種方式完全沒有主觀判斷或人為干預。即使是在被動的規則

第十一章　未來，投資組合可以更加個人化

性產品中,基準指數本身也是「主動」建立的成果。

指數基金與 ETF 的概念是追蹤指數表現,基金經理人的角色是「模仿」指數走勢。而指數,則是由專業的指數公司所編製。現今的指數公司,就像是設計菜單的中央廚房,而經理人就像是廚師,要按照菜單烹調,煮得越像越好。即使是最傳統的市值加權指數,其基準指數的建立也得經過許多主觀決策,像是證券篩選標準和權重計算方法等。

許多指數是應投資公司需求而建立。投資公司希望為新產品生成基準指數,指數供應商就得先確定指數的含義,再蒐集、組織資料,並訂定標準來挑選應包含在指數中的證券,以實現適當的代表性。除此之外,指數提供商還必須建立更新指數的規則,包括平衡指數準確性、可交易性和一致性等其他目標。

隨著指數投資的普及,以及推陳出新的指數基金、ETF,主動與被動管理的界線日漸模糊。如今,已有越來越多指數型產品,它們包含主動管理的功能,例如超越基準指數的表現、自訂持股和實現投資者特定的目標。元大臺灣價值高息 ETF(00940)、元大台灣高股息低波動 ETF(00713)等,都展現了這種趨勢。

需要特別說明的是,這並不代表被動追蹤市場的策略已失去效用。事實上,根據標準普爾統計,每年僅有不到 3 成的主動型經理人能成功超越市場,且隨著時間推移,比例還會越來越下降。因此,市值加權指數仍然是指數投資的理論基礎,而且將越來越強大,只有極少數優異、具備資源的市場參與者有機會勝過市場。

指數投資的興起,反映了投資者價值觀的轉變。在學術研究的

支持下,他們的偏好逐漸轉向實現廣泛的市場曝險和遠離積極管理,這種轉變隱含著:「**追蹤整體市場表現,對大多數人來說都是最佳策略。**」

不過,近年來,投資人也越來越重視投資「個性化」需求,希望能投資在符合自身價值觀和需求的產品。例如,挪威主權基金在其責任投資報告中,明確要求被投資公司須符合國際公認的 ESG 標準(按:即環境保護、社會責任和公司治理,是評估企業經營的指標),以管理長期風險並促進永續發展。

若缺乏量身打造的產品,投資人將難以實踐自己關心的議題,或遠離個人反對的產業,也無法納入個人的專業知識與分析,或堅持針對獨特情況、個人風險狀況量身訂製的策略。

未來的市場趨勢,將是更精細、更個人化、更兼顧主、被動管理優勢的混合式策略時代。因此,現代投資人不應只是在主動與被動之間做選擇,而是要結合兩者的優勢,靈活應對。

第十一章　未來，投資組合可以更加個人化

02

新的指數投資分類框架

2024 年 7 月，特許金融分析師協會（Chartered Financial Analyst Institute，簡稱 CFA 協會）發布了一份關於投資策略的新分類框架，該框架有助於消除投資者對於被動與主動策略之間的誤解。首先，CFA 協會將指數產品按照決策層級分類如下：

產品	被選擇的標的與選擇時的考量	由誰選擇
傳統市值加權指數	・基準指數 ・成分股 ・配置權重的策略 ・再平衡策略	指數公司
Smart Beta ETFs 其他基於因子的產品	・基準指數 ・因子 ・配置權重的策略 ・再平衡策略	學界、分析師、基金經理
單獨管理的直接指數帳戶	・基準指數 ・成分股 ・配置權重的策略 ・再平衡策略	投資顧問

接著，在 CFA 協會的框架下，指數化策略可分為 4 個層級：

- **第 1 級：純指數策略（Pure Indexing）**

這是最基礎的指數策略，完全依賴市場市值加權來分配資產，基金經理的操作空間非常有限，因而成本最低。

- **第 2 級：增強型指數策略（Enhanced Indexing）**

這一層級採用了「增強」策略，通常以因子模型進行調整。雖然仍遵循被動投資的原則，但會在因子選擇和權重上做一定程度的調整，例如偏重小型股、價值股、高獲利能力等特定特性傾斜（Tilt）。

- **第 3 級：多空增強指數策略（Long/Short Enhanced Indexing）**

這種策略更加複雜，它可以使用多空策略，即買入預期會漲價的股票，並賣出預期會跌價的股票，以達到增強回報的目的。這類策略開始融入更多的主動決策，風險控制也更加精細。

- **第 4 級：主動管理策略（Active Management）**

完全由基金經理主動選擇投資標的，根據市場動態進行靈活操作，不再受限於任何特定的指數。這類策略的管理費用通常較高，但也提供了更多潛在的回報機會。

右頁圖表 11-1 這個框架不僅能夠幫助監管機構和公司更好的理解指數化投資產品，如 Smart Beta ETFs 和直接指數化（Direct Indexing），也對投資者理解這些產品的運作方式有重大意義。從

第十一章　未來，投資組合可以更加個人化

左到右，箭頭表示投資策略的主動管理程度逐漸增加；左側縱軸從上到下為指數策略基礎，表不同主動管理程度下的投資策略類型；圖表最下方，則展示這些策略在實際展品中的應用。

圖表 11-1　指數化投資框架

主動程度遞增 →

指數策略基礎 ↓

	第1級	第2級	第3級	第4級
依策略分類	純指數	增強型指數	多空增強指數	主動管理
依報酬分類	市值加權基準報酬	基準報酬＋靜態曝險於 Smart Beta 的報酬	基準報酬＋靜態曝險於 Smart Beta＋Smart Beta 時機選擇報酬	基準報酬＋靜態曝險於 Smart Beta＋純 Alpha 報酬
自由裁量程度	低	中低	中高	高
實際應用	市值加權指數基金	・因子投資 ・Smart Beta ETFs ・直接指數化	因子投資	主動型基金

財富自由的階梯

03
真實案例分析

在投資的世界裡，人人都想掌握財富的主動權，卻常被資訊過多、情緒干擾與時間不足所困。對多數上班族而言，穩健、簡單且可持續的理財方式才是關鍵。機器人理財正好提供了解方：透過自動化與紀律化機制，幫助投資者長期布局、避免情緒操作。

在這一節收錄 4 位來自不同職業背景的實例——外派採購人員、警察、牙醫與藥師。他們各自在忙碌生活中，透過機器人理財找到屬於自己的節奏。從習慣養成到心理調適，這些故事說明：理財的終點，不只是追求數字，而是過得更自在、更有餘裕的生活。

案例一：用微小習慣建立個人資產

我是在出版第一本書《我畢業五年，用 ETF 賺到 400 萬》（大是文化出版）時認識楊先生的。那時他還是大三學生。

26 歲的楊先生，目前在一家上市電子公司擔任外派採購人員。談到理財目標，他說得很直白：「一開始只是不想讓錢被通膨

第十一章　未來，投資組合可以更加個人化

吃掉，能有點被動收入、每個月多一點進帳，心裡比較踏實。現在的目標則是存一筆錢，以供未來出國進修使用。」

他的投資方式也很簡單明瞭——**固定、規律、有紀律，把重心放在本業上**。剛出社會時，他也跟很多人一樣迷茫。後來改採定期定額投資 ETF，省時又穩健，正符合他的生活節奏。

有個比喻我很喜歡：「理財就像背景音樂，不能太吵，也不用一直注意，但它會一直在那，陪你走很遠。」而這不只是楊先生的投資方式，也是他安排時間的哲學。他將精力花在工作、學習和家人身上，理財則變成一種簡單的習慣，默默執行。

從 2023 年開始，他靠著每個月穩定投入，慢慢搭起自己財富的階梯。沒什麼花俏的技巧，就是老派的定期定額，聽起來普通，但一步步走下來，卻特別穩，也正符合階梯的含意。

楊先生的故事讓我想到一句話：「今天的選擇，會變成你未來的模樣。」有人追著短期的熱點跑，有人選擇靜靜的累積。你呢？

楊先生的理財心得分享	
投資 ETF 與使用機器人理財心得	因為不需要投注過多時間和心力在漲幅上，讓我可以把時間專注在本業與提升職能，爭取提早加薪，再把增加的收入投入定期定額，讓財務規畫形成一個穩定的良性循環。
建議	時間是最寶貴的資產，應該用來投資在提升自身能力，或是陪伴家人，而不是花時間時刻關注股市漲跌。

財富自由的階梯

案例二：投資最大的敵人——人性

33 歲的 B 先生是我大學同學，目前是一名警察，工作穩定，對人生方向也很清楚。因擔心制度變動可能影響退休生活保障，所以才開始認真規畫理財。

剛開始投資時，他嘗試過各種方式——當沖、波段操作、存股，能想到的都嘗試過，但因為過度追求短期獲利，再加上缺乏系統化的投資觀念，結果幾乎都賠錢。

他曾在 0050 七十多元時進場，並持續加碼攤平到六十多元，但因無法承受持續下跌的壓力，最終在低點賣出。而 0050 分割前股價收在 188.65 元（編按：0050 已於 2025 年 6 月 18 日 1 拆 4〔原本 1 張會變成 4 張〕，以每股 47.32 元復牌交易），讓他後悔不已。這段經歷讓他開始思考，或許問題不在市場，而是自己太容易受到情緒干擾。

後來我辭去警職，轉職到金融科技產業，投入機器人理財平臺的發展。B 先生對這項新興的投資工具產生濃厚興趣。在查詢相關資料，並觀察幾個月後，他決定把手上的股票出清，將大部分可投資資金轉投入我們公司的平臺。

根據過往經驗，B 先生深知自己不適合主動操作，改由機器人協助資產配置，讓他很安心。此外，平臺的高透明度，也是吸引他的關鍵。他可以直接在網站上看到系統模擬成果、資產配置調整建議與預估成功率，避免過去盲目操作的情況再次發生。

其實就我的觀察，像 B 先生這樣有穩定工作的人，只要趁早

第十一章　未來，投資組合可以更加個人化

開始規畫，在 60 歲前就可以退休。例如，從 23 歲開始，每年固定儲蓄 36 萬元（也就是每月 3 萬元），投入平均年化報酬約 8% 的資產組合，到了 40 歲時就可能累積約 1,482 萬元。（財務計算機 N＝23，I/Y＝8，PV＝0，PMT＝-360,000，CPT FV＝13,482,087）

若這時轉為保守投資，以年報酬 5% 計算，每年被動收入就能有 67 萬元，再加上本身的薪資收入，年收入輕輕鬆鬆就能超過 160 萬元。

這並非鼓勵「提早退休」，而是一種「有選擇權的人生」。只要持續投入、理性投資，透過 ETF 或是機器人理財這樣的工具輔助決策，確實可以提早達到財務安全，做出更有彈性的選擇。

理財不是炫技，也不是追逐短線績效，而是建立一套適合自己、能讓人安心的長期計畫。用工具輔助理性，用紀律減少人性干擾，理財才會成為人生的支撐，而不是壓力來源。

B 先生的理財心得分享	
投資 ETF 與使用機器人理財心得	平臺上可以清楚看到模擬的投資成果，還會列出如何提高成功率的建議，看到成功率 高達 90% 讓我很有信心。
建議	儘早放棄主動投資，投入被動投資的懷抱，並專注在生活其他更精彩的事物上。

財富自由的階梯

案例三：長期布局，勝過短期追高

身為牙醫的陳醫師，工作繁忙、責任重大，但 47 歲的他仍希望透過穩健投資，為退休生活與孩子的教育建立堅實的財務基礎。這份對家庭的責任感，也讓他在投資上格外謹慎。

在開始投資前，陳醫師面臨最大的挑戰是——沒有時間。牙醫師工作幾乎占據了他的大部分心力，要再深入研究財報、追蹤市場動態，幾乎是不可能的事。他需要的是一種簡單、可靠的投資方式，既能實現財富增值，又不影響工作與家庭生活。

一開始，他先參與投資專家的課程，後來又看了我的第一本書，更讓他深信，ETF 很適合像他這樣沒時間看盤的人。最終，陳醫師選擇結合機器人理財平臺進行 ETF 投資，讓投資流程更加自動化與有效率。

談到近年使用的心得，陳醫師說：「機器人理財的介面簡潔易懂，搭配的 ETF 也能達到很好的股債分配，再平衡也不需要自己計算，可以輕鬆投資，把生活重心放在專心工作和陪伴家人。」

面對資訊爆炸的投資環境，陳醫師有一段值得深思的觀察：「現在投資資訊非常多，投資網紅的課程琳瑯滿目，各種收費 App 更是鋪天蓋地，但這些真的能保證每個策略都能賺錢？多數人跟進又跟出，最後還是一場空。與其如此，不如穩穩的靠低管理費的 ETF，跟著大盤長期布局，才更有勝算。」

這段話直接點出**許多人在投資時的盲點——過度依賴「看起來很厲害」的意見，反而忽略了策略的一致性與可執行性，與其追逐**

第十一章　未來，投資組合可以更加個人化

短線技巧或新奇策略，不如把心思放在能長期執行的投資計畫上。

陳醫師的故事，讓我想起一句話：「**最好的理財方式，不是最快致富的，而是最適合自己的節奏。**」透過 ETF 與穩健策略累積資產，不必與市場賽跑、不必追趕短線熱門標的，也能踏實前行。

陳醫師的理財心得分享	
ETF 與機器人理財的投資心得	機器人理財的介面簡單易懂，也能達到很好的股債分配，不需要自己計算再平衡，可以輕鬆投資，省時省力。
建議	不要過度依賴表面上看起來很厲害、新潮的投資策略，穩紮穩打才是好選擇。

案例四：投資的終點是生活，不是數字

A 小姐是一位 45 歲的單親媽媽，同時也是醫療體系的藥師，一肩扛起工作壓力與育兒責任，再怎麼辛苦，她也從未放棄過為自己和孩子規畫穩定的未來。她的理財觀念與生活態度，給了我很大的啟發，也讓我重新思考：什麼樣的投資方式，才能真正幫助像她這樣的職業女性，在忙碌中找到喘息的空間？

A 小姐的投資目標以家庭為重心，希望能為孩子的教育與未來做準備。她期望孩子至少能完成研究所學業，並透過信託規畫，確保孩子日後能獨立生活。除了教育支出外，A 小姐還有幾個小小夢

財富自由的階梯

想：買一間屬於自己的房子（雖然她笑說，這可能得等收入穩定增加）；為退休生活做好準備，期望未來能以兼職維持生活節奏，並持續與社會接軌；還有一個更貼心的願望——陪伴年邁的母親。

A 小姐的投資之路起初並不順利。離婚時，孩子才 3 歲，每天都非常忙碌。當時也曾請證券營業員協助資產配置，嘗試過基金、台股、債券等多種標的，卻因頻繁轉換而心生混亂。

她認為，投資並非不能賠錢，但不能讓自己一直提心吊膽。對她來說，真正需要的是能放心生活、專心工作、陪伴孩子的投資方法，而不是耗費大量時間追逐市場波動。

後來，A 小姐開始投資 ETF，部分使用機器人理財。她的評價很直接：「機器人理財滿簡單的，不用太花時間，而且有問題也有人幫忙解說。我有更多時間陪孩子、看書、過自己想過的生活。」她發現，低費用又自動化的 ETF 投資方式，很適合她這種時間有限的上班族，生活中不再被市場牽著走，反而多了一種掌握感。

A 小姐的經歷，讓我再次確認自己的信念——**投資的終點，不是帳面上的數字，而是生活品質**。我選擇從事投資顧問，就是希望能幫助更多人，無須非常專業也能把資產打理得當，專心過自己想過的日子。

對年輕人，她建議剛踏入職場時，應將重心放在培養專業能力，財務管理則可以交給像 ETF 這樣的工具。時間一久，能力與財富會一起累積。對於中年人，她更有共鳴的說：「不要覺得自己太晚開始，我就是中途重來的例子。只要找到方法，資產會慢慢成長，且要記得照顧健康，因為老了要過得好，光有錢是不夠的。」

第十一章　未來，投資組合可以更加個人化

A 小姐走的不是那種暴衝型的財富之路，而是一條穩穩往前的路，從學習 ETF，到慢慢熟悉適合自己的理財方式，過程中她不斷調整與成長。這讓我們看到，投資其實並不複雜，也不是只為了財富，而是讓我們能更自在的生活。就像她說的：「一步一步走，總會走到我想去的地方。」

只要繼續邁進，就可以走在自己的財富自由階梯，記得，別忘了欣賞沿途的風景。

A 小姐的理財心得分享	
ETF 與機器人理財的投資心得	我真正需要的是專注陪伴孩子成長、穩定工作和過好生活，而不是把寶貴的時間花在擔憂股市波動上。而 ETF 與機器人理財的自動化，能夠滿足我的需求。
建議	年輕人，先提升專業技能，理財可以交給機器人平臺，時間一長，能力和財富就能一起累積。至於中年人，不要擔心太晚開始，永遠來得及！

結語
你的財富自由，由你定義

20 年前，在投資論壇 The Motley Fool 上，有位作者曾分享一段與巴菲特的對話。「你什麼時候發現自己已經變有錢了？」在這段對話中，巴菲特的回答改變了人們對富有的定義。

他說：「大部分的人其實都過著差不多的生活。一樣吃、一樣睡，也可能都開著一輛 10 年老車。物質上的差異，並不會改變太多事。我也會看超級盃（Super Bowl），就像你們一樣。我只有兩樣奢侈品：每天做自己想做的事，還有旅遊時，比你們更快的移動速度。

「不論你是給薪還是拿薪，你都應該做你愛做的事。做你喜愛的工作，錢自然會跟著來……只要你身處一個冬暖夏涼的地方，能做你熱愛的事，與你喜愛的人一起共事，那你就已經是個真正富有的人了。」

這段話不只改變人們對財富的想法，也讓我們重新思考投資的意義。不管市場如何變化，我始終相信：成功的投資方法從來沒有改變。首先，要**設定明確且可達成的財務目標**：你將如何為此儲蓄？多久檢視一次投資狀況與進度？

再者，要**建立一個適當資產配置的投資組合**，分散投資是管理

財富自由的階梯

報酬與市場風險的關鍵步驟。資產配置是根據股票、債券及其他工具的報酬與波動特性，來決定各資產間的配置比例。

然後，**分析你的投資成本**，成本**包含投入的時間與金錢**。投資的金錢成本越低，你能夠獲得的報酬就越高；投入的時間越少，你就越能專注在其他更重要的事情上。

與其擔心進場時機，不如專注在場時間，維持長期的視野，用長期的心態來投資。長時間待在市場中，用紀律的方式投資，而不是嘗試猜測市場的漲跌。在市場不確定的時期，紀律能幫助你堅持投資計畫。

最後，**控制你能控制的，避開市場上的噪音，這樣你就能夠成功投資**。

不管是人生、創業或是投資，重點就在於堅持以及執行。希望多年後，當你再次翻開這本書、回顧這段歲月時，能讓你感覺安心、幸福。願你有一個樂觀、積極、主動的人生！

國家圖書館出版品預行編目（CIP）資料

財富自由的階梯：5年賺到400萬，10年累積1,000萬。我這樣精選ETF，年賺20%。／PG財經筆記 蔡至誠著. -- 初版. -- 臺北市：大是文化有限公司，2025.08
304面；17 × 23公分. --（Biz；492）
ISBN 978-626-7648-90-2（平裝）

1. CST：個人理財　2. CST：投資
3. CST：財富

563　　　　　　　　　　　　114007379

Biz 492

財富自由的階梯

5 年賺到 400 萬，10 年累積 1,000 萬。
我這樣精選 ETF，年賺 20%。

作　　者／	PG 財經筆記　蔡至誠
責任編輯／	楊明玉
校對編輯／	宋方儀
副 主 編／	蕭麗娟
副總編輯／	顏惠君
總 編 輯／	吳依瑋
發 行 人／	徐仲秋
會計部	主辦會計／許鳳雪、助理／李秀娟
版權部	經理／郝麗珍、主任／劉宗德
行銷業務部	業務經理／留婉茹、專員／馬絮盈、助理／連玉
	行銷企劃／黃于晴、美術設計／林祐豐
行銷、業務與網路書店總監／林裕安	
總 經 理／	陳絜吾

出 版 者／大是文化有限公司
　　　　　臺北市 100 衡陽路 7 號 8 樓
　　　　　編輯部電話：（02）23757911
　　　　　購書相關資訊請洽：（02）23757911 分機 122
　　　　　24小時讀者服務傳真：（02）23756999
　　　　　讀者服務 E-mail：dscsms28@gmail.com
　　　　　郵政劃撥帳號：19983366　戶名：大是文化有限公司

香港發行／豐達出版發行有限公司 Rich Publishing & Distribution Ltd
　　　　　地址：香港柴灣永泰道 70 號柴灣工業城第 2 期 1805 室
　　　　　　　　Unit 1805, Ph. 2, Chai Wan Ind City, 70 Wing Tai Rd, Chai Wan, Hong Kong
　　　　　電話：21726513　傳真：21724355
　　　　　E-mail：cary@subseasy.com.hk

封面設計／林雯瑛
內頁排版／顏麟驊
印　　刷／鴻霖印刷傳媒股份有限公司

出版日期／2025 年 8 月初版
定　　價／新臺幣 480 元（缺頁或裝訂錯誤的書，請寄回更換）
Ｉ Ｓ Ｂ Ｎ／978-626-7648-90-2
電子書ISBN／9786267648896（PDF）
　　　　　　9786267648889（EPUB）

有著作權，侵害必究　Printed in Taiwan
※本書提供之方法與個股僅供參考，請讀者自行審慎評估投資風險。